Inhalt

Autorin und Herausgeberin: Alexandra Bauschat

Sulzaer Strasse. 12, 14199 Berlin

www.yoga-qigong.berlin

ISBN: 978-3-7693-6839-0

Das vorliegende Buch ist sorgfältig erarbeitet worden.
Dennoch erfolgen alle Angaben ohne Gewähr.
Der Autor übernimmt keine Haftung für eventuelle Nachteile oder
Schäden, die aus den im Buch gemachten praktischen und
theoretischen Hinweisen resultieren.

© 2025 Alexandra Bauschat
Verlag: BoD · Books on Demand GmbH, Überseering 33,
22297 Hamburg, bod@bod.de
Druck: Libri Plureos GmbH, Friedensallee 273,
22763 Hamburg

Chapter 1: Einführung in Qigong

Was ist Qigong?

 Qigong ist eine jahrhundertealte chinesische Praxis, die Körper, Geist und Energie miteinander verbindet. Diese Übungen sind nicht nur physisch, sondern auch mental und spirituell, was sie zueinem ganzheitlichen Ansatz für Gesundheit und Wohlbefinden macht. Besonders für Berufstätige, die oft unter Stress und Zeitdruck leiden, bietet Qigong eine wertvolle Möglichkeit sich zu entspannen und neue Energie zu tanken.

Durch einfache, aber wirkungsvolle Übungen kann jeder die Vorteile dieser Praxis erleben und seinen Alltag stressfreier gestalten.

Die Grundprinzipien des Qigong basieren auf der Vorstellung, dass Lebensenergie, auch Qi genannt, durch unseren Körper fließt. Wenn dieser Fluss gestört ist, kann es zu körperlichen und emotionalen Beschwerden kommen. Jeder Mensch verfügt über ein Energiepotential, dass sich im Laufe der Lebensjahre aufbraucht.

Qigong-Übungen helfen dabei, das Qi zu schützen, Blockaden zu lösen und den Energiefluss zu harmonisieren. Dies fördert nicht nur die körperliche Gesundheit, sondern auch geistige Klarheit und emotionale Stabilität. Für Menschen, die nach einem erfüllten Leben suchen, ist Qigong eine wertvolle Unterstützung auf diesem Weg.

Ein wichtiger Aspekt von Qigong ist die Integration von Atemtechniken und Meditation. Diese Elemente helfen dabei, den Geist zu beruhigen und die Konzentration zu fördern. In hektischen Zeiten, in denen wir oft abgelenkt sind, bietet die regelmäßige Praxis von Qigong einen Raum der Stille und Selbstreflexion. Die Kombination von Bewegung, Atmung und Meditation stärkt nicht nur das Immunsystem, sondern ermöglicht es auch, zu sich selbst zu finden und die eigene innere Balance wiederherzustellen.

Qigong kann leicht in den Alltag integriert werden, selbst in kurzen Pausen während des Arbeitstags. Diese kurzen Energieübungen können helfen, den Stress abzubauen und die Leistungsfähigkeit zu steigern. Wenn Sie sich bewusst Zeit für Qigong nehmen, erleben Sie eine tiefere Verbindung zu Ihrem Körper und Ihrer inneren Welt. Dadurch wird nicht nur ihre Lebensqualität verbessert, sondern auch die Fähigkeit, Herausforderungen im Beruf und im persönlichen Leben besser zu meistern.

Abschließend lässt sich sagen, dass Qigong eine wertvolle Methode für jeden ist, der ein erfülltes und gesundes Leben anstrebt. Die Übungen sind einfach zu erlernen und können individuell angepasst werden, sodass sie für jeden geeignet sind. Ob Sie nach Stressbewältigung, mehr Energie oder innerem Frieden suchen – Qigong bietet Ihnen die Werkzeuge, um Ihre Ziele zu erreichen und ein ausgeglichenes Leben zu führen. Nutzen Sie die Möglichkeiten, die Ihnen dieses Energietraining bietet, und entdecken Sie die Kraft, die in Ihnen steckt.

Die Geschichte und Philosophie des Qigong

Die Geschichte des Qigong reicht mehrere Jahrhunderte zurück und ist tief in den Traditionen Chinas verwurzelt. Ursprünglich als Teil der Traditionellen Chinesischen Medizin und Philosophie entwickelt, diente Qigong dazu, das Qi, die lebensspendende Energie, zu kultivieren und zu harmonisieren. Seit alten Zeiten praktizierten Mönche und Heiler diese Techniken, um sowohl körperliche als auch geistige Gesundheit zu fördern. Die Entwicklung des Qigong kann als eine Reise betrachtet werden, die das Streben nach einem erfüllten Leben und innerem Frieden widerspiegelt. Diese Praktiken haben sich im Laufe der Zeit weiterentwickelt und sind heute eine wertvolle Ressource für Menschen, die in der schnelllebigen modernen Welt nach Balance suchen.

Philosophisch betrachtet ist Qigong eng mit den Prinzipien des Daoismus verbunden, der den Einklang zwischen Mensch und Natur betont. Der Daoismus lehrt, dass das Leben im steten Wandel und Fluss ist, und dass wir in Harmonie mit den natürlichen Rhythmen unseres Körpers und der Umwelt leben sollten, um unser volles Potential entfalten zu können.

Vor allem ist in der Dao Kultur 'Unsterblichkeit' ein zentrales Motiv. Schon der erste Kaiser versuchte Zeit seines Lebens hinter das Geheimnis der Unsterblichkeit zu kommen. Während seiner Herrschaft diskutierte er mit seinen Ministern über Medizin, Gesundheit und Lebensstil, Ernährung und daoistische Kosmologie.

Qigong – die Arbeit mit der Lebensenergie – ist eine Vorbeugungs- und Heilmethode aus dem alten China und Hauptbestandteil der TCM. Das Ziel dieser umfangreichen Methode ist die Stärkung, Reinigung und Pflege der elementaren Lebensenergie „Qi". Beim Üben von Qigong werden durch Körperhaltungen, der Vorstellungskraft und Bewegungen Impulse und Signale an den eigenen Organismus geleitet und beeinflussen damit die Körperfunktionen und den Geist. Das chinesische Energietraining bietet eine praktische Möglichkeit, diese Philosophie zu integrieren, indem es uns lehrt, auf unseren Körper zu hören, unseren Atem zu regulieren und unsere Gedanken zu beruhigen. Die Praktiken sind nicht nur körperliche Übungen, sondern auch Wege zur Selbstreflexion und zum persönlichen Wachstum. Sie helfen uns, den Stress des Alltags zu bewältigen und einen tieferen Sinn im Leben zu finden.

In der heutigen Zeit, in der Stress und Hektik viele Menschen plagen, gewinnt Qigong zunehmend an Bedeutung als Methode zur Stressbewältigung. Die sanften Bewegungen, kombiniert mit bewusster Atmung und Meditation, schaffen einen Raum der Ruhe und Entspannung. Diese Übungen ermutigen Berufstätige, während ihrer Mittagspause innezuhalten und sich auf sich selbst zu besinnen. Durch regelmäßiges Praktizieren von Qigong können wir nicht nur unseren Körper stärken, sondern auch unsere geistige Klarheit und emotionale Stabilität fördern. Es ist eine Einladung, die Herausforderungen des Lebens mit Gelassenheit und innerer Stärke anzugehen.

Ein weiterer wichtiger Aspekt dieser holistischen Methode ist die Stärkung des Immunsystems. Wissenschaftliche Studien haben gezeigt, dass regelmäßige Qigong-Praxis die Gesundheit fördern und das Wohlbefinden steigern kann. Durch die Harmonisierung des Qi im Körper werden die Selbstheilungskräfte aktiviert, was zu einer besseren Gesundheit und Vitalität führt. Für Berufstätige, die oft unter Stress und Erschöpfung leiden, ist Qigong eine hervorragende Möglichkeit, die körperliche und geistige Widerstandskraft zu erhöhen. Es ist eine Investition in die eigene Gesundheit und Lebensqualität.

Zusammenfassend lässt sich sagen, dass die Geschichte und Philosophie des Qigong nicht nur eine alte Tradition ist, sondern auch eine wertvolle Lebensphilosophie für die moderne Welt. Es ermutigt uns, uns selbst zu finden, die Verbindung zwischen Körper und Geist zu stärken und ein erfülltes Leben zu führen. Qigong bietet uns die Werkzeuge, um Stress abzubauen, unsere Gesundheit zu fördern und im Einklang mit uns selbst und der Welt um uns herum zu leben. Lassen Sie sich von dieser Tradition anregen und erfahren Sie, wie sie Ihr Leben bereichern kann!

Die Vorteile von Qigong für Berufstätige

Das Energietraining bietet Berufstätigen eine wertvolle Möglichkeit, den stressigen Arbeitsalltag zu bewältigen und gleichzeitig die eigene Gesundheit zu fördern. In einer Welt, in der Leistungsdruck und Zeitmangel herrschen, kann das Praktizieren von Qigong eine Oase der Ruhe und des Gleichgewichts darstellen.

Durch gezielte Atemtechniken, sanfte Bewegungen und Meditation wird nicht nur der Geist beruhigt, sondern auch der Körper gestärkt. Das Training hilft, Stress abzubauen und die mentale Klarheit zu fördern, was sich positiv auf die tägliche Arbeit auswirkt und auf das Umfeld.

Ein weiterer Vorteil von Qigong ist die Verbesserung der körperlichen Gesundheit. Regelmäßiges Üben stärkt das Immunsystem und fördert die allgemeine Fitness. Berufstätige, die Qigong in ihre Mittagspause integrieren, können Verspannungen lösen und ihre Energie wieder aufladen. Diese kurzen Pausen werden zu wertvollen Momenten, in denen Körper und Geist regenerieren können, was zu einer höheren Leistungsfähigkeit und Produktivität führt. Es ist eine einfache, aber effektive Methode, um die Gesundheit im hektischen Berufsleben zu unterstützen.

Das chinesische Energietraining bietet die Möglichkeit im Alltag, sich auf das Wesentliche zu konzentrieren und die eigenen Bedürfnisse wahrzunehmen. Berufstätige, die regelmäßig Qigong praktizieren, berichten von einem tieferen Verständnis für sich selbst und ihrer Lebensziele und ein bewußterer Umgang mit dem eigenen Körper.

Die Zahl der Berufstätigen, die unter chronischem Stress leiden und kurz vor einem Burnout stehen, steigt kontinuierlich an. Laut der Weltgesundheitsorganisation (WHO) wird Burnout als berufsbedingtes Phänomen definiert, das durch anhaltende Erschöpfung, reduzierte Leistungsfähigkeit und zunehmende Distanz zur Arbeit gekennzeichnet ist. Um dem entgegenzuwirken, sind ein körperliches und mentales Training essenzielle Werkzeuge zur Stressbewältigung und langfristigen Gesundheitsförderung.

Wissenschaftliche Erkenntnisse zum Burnout

Forschungen zeigen, dass chronischer Stress das Nervensystem überlastet und zu körperlichen sowie psychischen Erkrankungen führen kann. Die Stresshormone Cortisol und Adrenalin steigen, was langfristig das Immunsystem schwächt, Schlafstörungen verursacht und das Risiko für Herz-Kreislauf-Erkrankungen erhöht. Neurowissenschaftliche Studien belegen, dass gezielte Entspannungstechniken und regelmäßige Bewegung helfen können, den Stresspegel zu senken und die Resilienz zu stärken. Die richtige Balance zwischen Arbeit und Wohlbefinden erfordert bewusste Entscheidungen und eine regelmäßige Praxis. Wissenschaftlich belegte Methoden wie Bewegung, Achtsamkeit und eine gesunde Lebensweise sind wirksame Möglichkeiten, um Stress zu reduzieren und langfristig ein gesundes Leben zu führen.

Über 60 Prozent der Deutschen fürchten, an Überlastung zu erkranken. Jeder Fünfte stuft die Gefahr als hoch ein, einen Burnout zu bekommen. Die ständige Erreichbarkeit, hohe Arbeitsbelastung und mangelnde Vereinbarkeit von Beruf und Familie sind die Hauptkritikpunkte an der Arbeitswelt. Insgesamt leiden in Deutschland etwa 4,2 Prozent aller Menschen an einem Burn-out, Frauen sind mit etwa 5,2 Prozent häufiger betroffen als Männer mit 3,3 Prozent. Sowohl bei Frauen als auch bei Männern wird am häufigsten zwischen dem 60. und 64. Lebensjahr ein Burn-out diagnostiziert.

Burnout zeigt sich oft durch anhaltende Müdigkeit, Erschöpfung und Schlafstörungen. Die Leistungsfähigkeit nimmt ab, Konzentration und Entscheidungsfreude lassen nach. Betroffene ziehen sich zurück, vernachlässigen soziale Kontakte und Interessen. Häufig treten auch körperliche Beschwerden wie Schwindel, Magenprobleme oder verstärkte Schmerzen auf.

Mit dem Ausbruch des Coronavirus hat Burnout am Arbeitsplatz im Jahr 2020 weltweit ein Rekordhoch erreicht. 43 % der Menschen aus über 100 Ländern gaben an, Burnout am Arbeitsplatz erlebt zu haben – 2019 waren es noch 39 % (Global Workplace Report)

Jeder kann durch kleine Veränderungen große Fortschritte in der Burnout-Prävention erzielen!

Ein weiterer Aspekt, der nicht unterschätzt werden sollte, ist die Förderung der sozialen Interaktion. Qigong kann in Gruppen praktiziert werden, was nicht nur das Gemeinschaftsgefühl - den Teamgeist - stärkt, sondern auch den Austausch von Erfahrungen und Techniken ermöglicht. Diese sozialen Kontakte können eine wichtige Unterstützung im Berufsleben bieten und das Gefühl der Isolation verringern. Durch die gemeinsame Praxis entsteht ein Raum des Vertrauens, in dem sich Menschen gegenseitig inspirieren können.

Die Techniken, die erlernt werden, können leicht in den Arbeitsalltag integriert werden, um in stressigen Situationen ruhig und gelassen zu bleiben. Ob während einer kurzen Pause oder vor wichtigen Meetings – Qigong bietet Methoden, um die innere Ruhe zu finden und die Konzentration zu steigern. Berufstätige, die diese Praktiken in ihr Leben einbauen, erleben nicht nur eine Verbesserung ihrer physischen und psychischen Gesundheit, sondern auch eine gesteigerte Lebensqualität.

Chapter 2: Energietraining in der Mittagspause

Die Bedeutung von Pausen im Arbeitsalltag

Im Arbeitsalltag, der oft von Hektik und Stress geprägt ist, sind Pausen von entscheidender Bedeutung. Diese kurzen Unterbrechungen ermöglichen es uns, den Kopf freizubekommen und neue Energie zu tanken. Gerade in Berufen, die hohe geistige Konzentration erfordern, sind regelmäßige Pausen unerlässlich, um die Leistungsfähigkeit aufrechtzuerhalten. Qigong bietet eine wunderbare Möglichkeit, diese Pausen aktiv zu gestalten und sowohl Körper als auch Geist zu regenerieren.

Die Integration von Qigong in die Mittagspause kann nicht nur zur Entspannung beitragen, sondern auch die Kreativität und Produktivität steigern. Durch gezielte Atemübungen und sanfte Bewegungen wird der Blutfluss angeregt und die Sauerstoffversorgung des Gehirns verbessert. Dies führt dazu, dass wir nach der Pause fokussierter und klarer denken können. Der Einfluss von Qigong auf unsere mentale Klarheit ist ein weiterer Grund, warum wir diese Zeiten der Ruhe ernst nehmen sollten.

Zusätzlich fördern Pausen die soziale Interaktion und den Austausch mit Kollegen. In einer entspannten Atmosphäre können Ideen entstehen und Teamgeist gestärkt werden. Qigong-Übungen in Gruppen bieten nicht nur einen gesundheitlichen Nutzen, sondern auch eine Gelegenheit, sich miteinander zu verbinden und gegenseitige Unterstützung zu erfahren. Diese sozialen Aspekte sind entscheidend für ein harmonisches Arbeitsumfeld, das langfristig zu einem erfüllten Berufsleben beiträgt. Arbeitsüberlastung, Stress und Hektik machen auf Dauer unzufrieden und krank. Auch die Industrie und Wirtschaft haben das mittlerweile erkannt, und entdecken ihre Mitarbeiter als ihr wichtigstes „Kapital".

Darüber hinaus spielt die Achtsamkeit eine zentrale Rolle in den Pausen. Wenn wir uns bewusst Zeit nehmen, um in uns hineinzuhorchen und die eigenen Bedürfnisse wahrzunehmen, können wir Stress besser bewältigen und unser inneres Gleichgewicht finden, um einen Burn-out vorzubeugen. Qigong lehrt uns, im Moment zu leben und unsere Aufmerksamkeit auf den gegenwärtigen Augenblick zu richten. Dies trägt dazu bei, negative Gedankenmuster abzubauen und mehr Freude im Alltag zu empfinden.

Abschließend lässt sich festhalten, dass Pausen im Arbeitsalltag nicht nur eine Notwendigkeit sind, sondern auch eine wertvolle Gelegenheit, uns selbst neu zu entdecken und zu regenerieren. Das Energietraining bietet uns die Werkzeuge, um diese Pausen sinnvoll zu nutzen und in einen Moment der Erneuerung und Inspiration zu verwandeln. Indem wir die Bedeutung von Pausen anerkennen und aktiv gestalten, können wir ein erfüllteres, stressfreieres Leben führen und den Sinn in unserem Beruf und Alltag wiederfinden.

Kurze Qigong-Übungen für Ihre Mittagspause

In der hektischen Arbeitswelt ist es oft eine Herausforderung, einen Moment der Ruhe und Entspannung zu finden. Durch ein kurzes Energietraining haben wir die Möglichkeit, in der Mittagspause neue Energie zu tanken und den Geist zu klären. Diese kurzen Übungen sind speziell darauf ausgelegt, in nur wenigen Minuten Stress abzubauen und das Wohlbefinden zu fördern. Sie benötigen keinen besonderen Raum oder viel Zeit; ein ruhiger Ort genügt, um die positiven Effekte von Qigong zu erleben. Es ist entscheidend, entspannt und aufrecht zu stehen oder locker auf einem Stuhl zu sitzen. Nur wenn man entspannt ist, kann die Energie frei fließen.

Eine einfache Übung, die sich gut für die Mittagspause eignet, ist das **"Qi-Fangen"**. Stellen Sie sich aufrecht hin, die Füße schulterbreit auseinander. Atmen Sie tief ein und heben Sie dabei die Arme seitlich an, als würden Sie eine unsichtbare Energie umarmen. Halten Sie den Atem kurz an, während Sie die Arme über den Kopf heben, und senken Sie sie dann beim Ausatmen seitlich langsam zurück bis zum Unterbauch (das untere Energiefeld - Dantian), wo Sie die Handflächen kurz ruhen lassen. Diese Übung hilft, die Durchblutung zu fördern und sorgt für ein Gefühl der Leichtigkeit und Entspannung.

Durch die Übung **"Die fünf Organe stärken"**, die Sie auch im Sitzen ausführen können, erfahren Sie, wie Sie Ihre Energie besser wahrnehmen und Ihren Geist fokussieren. Setzen Sie sich auf einen Stuhl oder stehen Sie entspannt und aufrecht, die Handflächen auf Bauchhöhe zueinander gerichtet. Halten Sie Ihre Finger entspannt und den gesamten Körper locker. Führen Sie dann langsam die Handflächen aufeinander zu (ohne sie zu berühren) und öffnen Sie sie anschließend wieder langsam. Wiederholen Sie diese sanfte, langsame Bewegung mehrmals und spüren Sie das Qi zwischen Ihren Handflächen. Nehmen Sie bewusst das Gefühl zwischen Ihren Handflächen wahr und fühlen Sie, wie sich die Hände, Arme und schließlich auch der Unterbauch mit Qi füllt.

Eine weitere effektive Technik ist das **"Schütteln"**. Nehmen Sie sich eine Minute Zeit, um Ihren gesamten Körper sanft zu schütteln. Beginnen Sie mit den Händen und Schultern und lassen Sie die Bewegung dann durch den ganzen Körper fließen. Schütteln Sie den Kopf leicht und lassen Sie alle Anspannungen los. Schütteln Sie den ganzen Körper 3-7 Minuten durch (später auch etwas länger). Diese einfache Übung revitalisiert nicht nur den Körper, sondern bringt auch den Geist zur Ruhe, wodurch Sie sich nach der Mittagspause erfrischt und konzentriert fühlen.

Zusätzlich können Sie die **"Atemübung der fünf Töne"** ausprobieren, die sowohl beruhigend als auch energetisierend wirkt. Setzen Sie sich bequem hin und atmen Sie tief ein, während Sie bei jedem Ausatmen einen Ton erzeugen, der mit einem bestimmten Gefühl verbunden ist – Freude, Frieden, Dankbarkeit, Liebe oder Vertrauen. Diese Übung fördert nicht nur die Selbstreflexion, sondern stärkt auch das Immunsystem und die emotionale Stabilität.

Indem Sie diese kurzen Qigong-Übungen in Ihre Mittagspause integrieren, können Sie nicht nur Stress abbauen, sondern auch eine tiefere Verbindung zu sich selbst herstellen. Nutzen Sie diese Zeit, um innezuhalten und sich auf Ihr inneres Gleichgewicht zu konzentrieren. Das chinesische Energietraining ist nicht nur eine Methode zur Entspannung, sondern auch ein Weg, um mehr Kraft und Erfüllung in Ihren Alltag zu bringen. Seien Sie offen für die Erfahrungen, die Sie durch diese Praxis machen können, und entdecken Sie die Kraft, die in Ihnen steckt.

Tipps zur Integration von Qigong in den Arbeitsalltag

Um Qigong erfolgreich in den Arbeitsalltag zu integrieren, ist es wichtig, kleine, aber wirkungsvolle Schritte zu unternehmen. Beginnen Sie mit **kurzen Übungen** während Ihrer Pausen. Schon fünf bis zehn Minuten Qigong können helfen, den Geist zu klären und den Körper zu revitalisieren. Finden Sie einen ruhigen Ort, sei es im Büro oder im Freien, und nutzen Sie diese Zeit, um einfache Atemtechniken und die sanften Bewegungen auszuführen. Diese kurzen Sequenzen können Ihre Energie steigern, und die Kreativität und Produktivität anregen.

Ein weiterer hilfreicher Tipp ist, Qigong als Teil Ihrer **Morgenroutine** zu etablieren. Wenn Sie den Tag mit einer kurzen Qigong-Session beginnen, setzen Sie einen positiven Ton für die kommenden Stunden. Diese Praxis kann Ihnen helfen, Ihre Gedanken zu sammeln und sich auf die Herausforderungen des Arbeitstags vorzubereiten. Sie werden feststellen, dass Sie fokussierter und gelassener sind, was sich positiv auf Ihre Arbeitsleistung auswirkt. Der Morgen ist die perfekte Zeit, um Körper und Geist in Einklang zu bringen und sich auf das Wesentliche zu konzentrieren.

Um Qigong nachhaltig in Ihren Alltag zu integrieren, sollten Sie auch Ihre Kollegen einbeziehen. Organisieren Sie Gruppensitzungen oder **Gruppenkurse** mit einem qualifizierten Lehrer während der Mittagspause oder nach Feierabend.

Dies fördert nicht nur den Teamgeist, sondern macht das Üben auch angenehmer und motivierender. Gemeinsames Üben kann eine entspannende Auszeit vom Arbeitsalltag bieten und dazu beitragen, Stress abzubauen. Zudem schaffen Sie so eine Kultur des Wohlbefindens in Ihrem Arbeitsumfeld, die langfristig positive Auswirkungen auf alle Mitarbeiter haben kann.

Nutzen Sie auch technologische Hilfsmittel, um Qigong in Ihren Alltag zu integrieren. Es gibt zahlreiche **Apps und Online-Videos**, die Ihnen helfen, die Übungen zu erlernen und zu vertiefen. Diese Ressourcen können Sie jederzeit und überall nutzen, um Ihre Praxis zu unterstützen. Ein qualifizierter Qigong-Lehrer ist natürlich immer die bessere Wahl, um die Übungen richtig zu lernen. Planen Sie regelmäßige Erinnerungen ein, um sich an Ihre Qigong-Pausen zu erinnern. So wird es Ihnen leichter fallen, diese wertvollen Momente in Ihren Alltag zu integrieren und langfristig beizubehalten.

Schließlich ist es wichtig, Geduld mit sich selbst zu haben. Der Weg zu mehr Achtsamkeit und innerer Ruhe durch Qigong erfordert Zeit und Übung. Lassen Sie sich nicht entmutigen, wenn Sie nicht sofort die gewünschten Ergebnisse sehen. Jeder Fortschritt, so klein er auch sein mag, ist ein Schritt in die richtige Richtung. *"Jede Reise von tausend Meilen beginnt mit dem ersten Schritt" (Laozi)* Vertrauen Sie auf den Prozess und genießen Sie die Reise, während Sie durch Qigong mehr Balance und Energie in Ihr Leben bringen.

Chapter 3: Stressbewältigung durch Qigong

Die Auswirkungen von Stress auf den Körper

Stress hat weitreichende Auswirkungen auf den Körper, die oft unterschätzt werden. In der heutigen schnelllebigen Welt sind viele Berufstätige ständig gefordert, was zu einem erhöhten Stressniveau führt. Diese ständige Anspannung kann sich auf verschiedene Weise manifestieren, sei es durch körperliche Symptome wie Verspannungen, Kopfschmerzen oder Schlafstörungen, oder durch emotionale Reaktionen wie Reizbarkeit und Angst. Es ist wichtig, diese Zusammenhänge zu erkennen, um geeignete Maßnahmen zur Stressbewältigung zu ergreifen und einen "Burn-out" vorzubeugen.

Ein chronischer Stresszustand kann das Immunsystem erheblich schwächen. Wenn der Körper unter Stress steht, produziert er vermehrt Stresshormone wie Cortisol, die auf lange Sicht die Abwehrkräfte beeinträchtigen können. Das bedeutet, dass wir anfälliger für Krankheiten werden und unser Körper weniger in der Lage ist, sich selbst zu regenerieren.

Durch regelmäßige Qigong-und Meditationsübungen können wir nicht nur Stress abbauen, sondern auch aktiv unser Immunsystem stärken, indem wir Körper und Geist in Einklang bringen. Wer mehr Energie hat gewinnt!

In der Regel wird heute nur noch dann von Stress gesprochen, wenn Dis-Stress gemeint ist. Eu-Stress wird dagegen häufig mit Motivation oder Aktivierung umschrieben.

Der Unterschied zwischen **Distress** und **Eustress** liegt in ihrer Wirkung auf den Körper und die Psyche:

- **Distress (negativer Stress):**

  - Belastender, unangenehmer Stress, der zu Überforderung und Erschöpfung führen kann.
  - Langfristig kann er körperliche und psychische Probleme wie Burnout, Angststörungen oder Herz-Kreislauf-Erkrankungen verursachen.
  - Beispiel: Termindruck, Konflikte am Arbeitsplatz, finanzielle Sorgen.

- **Eustress (positiver Stress):**

  - Anregender, motivierender Stress, der Leistung und Konzentration steigert.
  - Fördert das Wachstum und die Anpassungsfähigkeit an Herausforderungen.
  - Beispiel: Vorbereitung auf eine Präsentation, sportlicher Wettbewerb, Lernen für eine Prüfung.

Während Distress krank machen kann, wird Eustress als eine gesunde Form von Stress bezeichnet, die hilft, Ziele zu erreichen und Herausforderungen zu meistern.

Entscheidend ist, wie man mit Stress umgeht und ob genügend Erholungsphasen eingeplant werden.

Eine der größten Herausforderungen der heutigen Zeit ist, den hohen Anforderungen unserer Gesellschaft gerecht zu werden, ohne Raubbau mit der eigenen Gesundheit zu treiben. Wer die Anforderungen der Gesellschaft nicht oder nur unter größten Anstrengungen erfüllen kann, wird sich überfordert und angespannt fühlen. Genau das ist gemeint, wenn Menschen über Stress im Alltag klagen. Darüber hinaus beeinflusst Stress unsere Konzentration und Produktivität. Wenn der Kopf voller Gedanken und Sorgen ist, fällt es schwer, sich auf die anstehenden Aufgaben zu konzentrieren. Dies kann zu einem Teufelskreis führen, in dem Stress zu Fehlern und Missverständnissen am Arbeitsplatz führt, was wiederum den Stress erhöht. Durch die Integration von Energietraining in unseren Alltag können wir lernen, unseren Geist zu beruhigen und die Klarheit zurückzugewinnen, die wir benötigen, um unsere Ziele zu erreichen und unseren Alltag besser zu meistern.

Die Verbindung von Körper und Geist ist ein zentrales Element im Qigong, das uns dabei hilft, Stress abzubauen und ein erfülltes Leben zu führen. Durch gezielte Atemtechniken und Bewegungsübungen fördern wir nicht nur die Durchblutung und den Energiefluss, sondern auch unsere mentale Stärke. Diese Art der Achtsamkeit ermöglicht es uns, im Moment zu leben und die Herausforderungen des Lebens mit mehr Gelassenheit zu begegnen. Jeder Atemzug wird zu einer Gelegenheit, Stress loszulassen und sich auf das Wesentliche zu konzentrieren.

Letztlich ist es entscheidend, dass wir uns selbst Priorität einräumen und aktiv gegen die negativen Auswirkungen von Stress vorgehen. Qigong bietet hierfür eine wunderbare Möglichkeit, um Körper und Geist in Einklang zu bringen und Gesundheit sowie Wohlbefinden zu fördern. Indem wir regelmäßig Zeit für uns selbst nehmen und diese heilenden Übungen in unseren Alltag integrieren, schaffen wir die Grundlage für ein stressfreies Leben. Lassen Sie uns gemeinsam diesen Weg gehen und die Vorteile von Qigong für ein erfülltes, gesundes Leben entdecken.

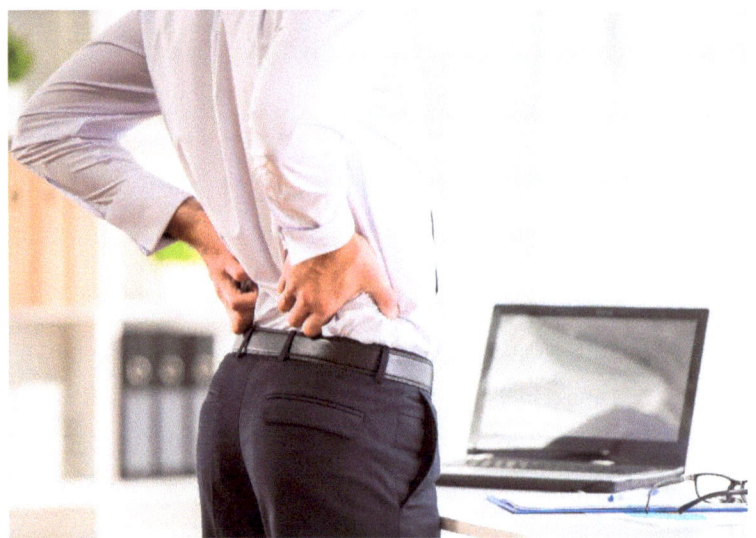

Qigong-Techniken zur Stressreduktion

Qigong-Techniken zur Stressreduktion bieten eine wertvolle Möglichkeit, um in der Hektik des Berufslebens einen Moment der Ruhe und des inneren Friedens zu finden. Die gezielten Bewegungen und Atemübungen des Qigong helfen dabei, den Geist zu klären und den Körper zu entspannen. Durch regelmäßige Praxis können Berufstätige lernen, Stresssituationen gelassener zu begegnen und ihre innere Balance zu stärken. Diese Techniken sind nicht nur einfach zu erlernen, sondern lassen sich auch problemlos in den Alltag integrieren, sei es während der Mittagspause oder nach einem anstrengenden Arbeitstag.

Eine der grundlegenden Qigong-Techniken zur Stressbewältigung ist die Achtsamkeit. Indem man sich auf den eigenen Atem konzentriert und die Bewegung des Körpers bewusst wahrnimmt, kann man Spannungen abbauen und den Kopf frei bekommen. Diese Achtsamkeit fördert nicht nur das Wohlbefinden, sondern trägt auch dazu bei, die eigene Lebensqualität zu verbessern. Wenn man in stressigen Situationen innehalten kann, um sich auf den Moment zu konzentrieren, gewinnt man einen wertvollen Abstand zu den Herausforderungen des Alltags.

Zusätzlich können spezifische Qigong-Übungen wie die **"Die acht Brokate"** oder das **"Taiji Qigong"**, gezielt zur Stressreduktion eingesetzt werden. Diese Übungen fördern die Durchblutung, stärken das Immunsystem und helfen, blockierte Energien im Körper wieder zum Fließen zu bringen.

Durch die sanften Bewegungen und die harmonische Verbindung von Körper und Geist entsteht ein Gefühl der Entspannung, das auch nach der Übung anhält. Regelmäßige Praxis dieser Techniken kann nicht nur Stress abbauen, sondern auch das allgemeine Wohlbefinden steigern.

Ein weiterer wichtiger Aspekt von Qigong ist die Meditation, die oft in Verbindung mit den körperlichen Übungen praktiziert wird. Durch die Kombination von Bewegungsübungen und meditativen Elementen können Berufstätige lernen, ihre Gedanken zu beruhigen und eine tiefere Verbindung zu sich selbst herzustellen. Diese innere Ruhe ist entscheidend, um den täglichen Herausforderungen gelassener begegnen zu können. Die Meditation lehrt uns, im Hier und Jetzt zu leben und die kleinen Freuden des Lebens zu schätzen, was zu einem erfüllteren Dasein beiträgt.

Schließlich ist es wichtig zu betonen, dass Qigong nicht nur eine Methode zur Stressbewältigung ist, sondern auch eine Einladung, sich selbst besser kennenzulernen und die eigene Lebensweise zu reflektieren. Indem man regelmäßig Zeit für sich selbst und seine Gesundheit einplant, stärkt man nicht nur den Körper, sondern auch den Geist. Qigong-Techniken zur Stressreduktion sind somit ein Schlüssel zu einem harmonischeren und erfüllteren Leben im Berufsalltag. Sie bieten die Möglichkeit, sich selbst zu finden und das Leben mit mehr Leichtigkeit und Freude zu meistern.

Atemübungen zur Entspannung

In der heutigen schnelllebigen Welt, in der der Druck und Stress oft überhandnehmen, sind Atemübungen eine kraftvolle Methode, um sich zu entspannen und die innere Balance wiederzufinden. Die Atmung ist ein mächtiges Werkzeug, um Körper und Geist in Einklang zu bringen. Bewusstes Atmen kann das Nervensystem regulieren, Stress reduzieren und emotionale Stabilität fördern.

Wie wirkt bewusste Atmung?

1. **Einfluss auf das Nervensystem:**

   - Tiefe, langsame Atmung aktiviert den **Parasympathikus**, der für Entspannung und Regeneration sorgt.
   - Schnelle, flache Atmung hingegen kann den **Sympathikus** aktivieren, der den Körper in Alarmbereitschaft versetzt.

2. **Emotionale Balance:**

   - Durch gezielte Atemtechniken können Ängste und Stress abgebaut werden.
   - Ein bewusster Atemrhythmus kann helfen, Gedanken zu beruhigen und innere Klarheit zu schaffen.

Praktische Atemtechniken

- **4-6-8-Atmung:** Einatmen für 4 Sekunden, Atem halten für 6 Sekunden, Ausatmen für 8 Sekunden – beruhigt schnell den Geist.
- **Box Breathing:** 4 Sekunden einatmen – 4 Sekunden halten – 4 Sekunden ausatmen – 4 Sekunden halten – hilft bei Konzentration und Stressbewältigung.
- **Bauchatmung (Zwerchfellatmung):** Tief in den Bauch atmen, statt flach in die Brust – fördert Entspannung und Energiefluss.

Diese einfachen Techniken können überall und jederzeit durchgeführt werden, sei es während der Mittagspause im Büro oder zu Hause nach einem langen Arbeitstag. Durch bewusstes Atmen schaffen Sie es, den Geist zu beruhigen und den Körper mit neuer Energie zu versorgen. Lassen Sie uns gemeinsam entdecken, wie Atemübungen Ihnen helfen können, den Alltag besser zu meistern und Stress abzubauen.

Eine der grundlegendsten Atemtechniken im Qigong ist **die Bauchatmung**. Diese Methode fördert nicht nur die Entspannung, sondern stärkt auch das Immunsystem. Indem Sie tief in den Bauch atmen, aktivieren Sie das Zwerchfell und ermöglichen eine bessere Sauerstoffaufnahme. Setzen Sie sich bequem hin, legen Sie eine Hand auf Ihren Bauch und atmen Sie langsam durch die Nase ein, wobei sich Ihr Bauch hebt. Halten Sie den Atem kurz an und atmen Sie dann sanft durch den Mund aus, während sich Ihr Bauch wieder senkt. Wiederholen Sie diese Übung einige Minuten lang und spüren Sie, wie sich Ihre Anspannung mit jedem Atemzug verringert.

Eine weitere hervorragende Technik ist **die Wechselatmung**, die besonders hilfreich ist, um die beiden Gehirnhälften auszugleichen und einen klaren Kopf zu fördern. Setzen Sie sich aufrecht hin und schließen Sie mit Daumen und Ringfinger ein Nasenloch. Atmen Sie durch das linke Nasenloch ein, schließen Sie dann das eingeatmete Nasenloch und atmen Sie durch das rechte Nasenloch aus. Wechseln Sie die Seiten und wiederholen Sie die Übung mehrmals. Diese Methode kann Ihnen helfen, die Konzentration zu steigern und die mentale Klarheit zu fördern, was besonders für Berufstätige von Vorteil ist.

Die **Visualisierung** während des Atmens kann ebenfalls eine tief gehende Entspannung bringen. Stellen Sie sich vor, dass Sie beim Einatmen reine, helle Energie aufnehmen und beim Ausatmen alle negativen Gedanken und Spannungen loslassen. Diese Technik verbindet Körper und Geist und kann helfen, Ihre innere Ruhe zu finden. Setzen Sie sich in eine bequeme Position, schließen Sie die Augen und lassen Sie Ihre Gedanken zur Ruhe kommen. Fokussieren Sie sich auf Ihren Atem und die Vorstellung von Licht und Energie, die Sie umgibt. Es wirkt, glauben Sie mir!

Abschließend lässt sich sagen, dass Atemübungen eine wertvolle Ergänzung zu Ihrem Qigong-Training darstellen und Ihnen helfen können, ein erfüllteres und stressfreieres Leben zu führen. Nehmen Sie sich regelmäßig Zeit für diese Übungen und integrieren Sie sie in Ihren Alltag. Sie werden erstaunt sein, wie schnell Sie sich ausgeglichener und energiegeladener fühlen. Beginnen Sie noch heute, Ihre Atemtechnik zu verfeinern, und erleben Sie die tiefgreifenden Vorteile, die dies für Ihr körperliches und geistiges Wohlbefinden mit sich bringt.

Optimal ist es, wenn ein qualifizierter Qigong-Lehrer die Atemübungen individuell an Ihre Bedürfnisse anpasst. So entfalten die Übungen ihre volle Wirkung und unterstützen gezielt Ihr körperliches und emotionales Wohlbefinden.

Chapter 4: Qigong und Meditation

Die Verbindung von Körper und Geist

Die Verbindung von Körper und Geist ist ein zentrales Thema im Qigong und spielt eine entscheidende Rolle für die persönliche Gesundheit und das allgemeine Wohlbefinden. In der Arbeitswelt sind viele Berufstätige oft gefangen in einem Teufelskreis aus Stress und Hektik. Diese Umstände führen dazu, dass wir den Kontakt zu unserem eigenen Körper und Geist verlieren. Die Energiearbeit bietet eine gute Möglichkeit, diese Verbindung wiederherzustellen und ein Gleichgewicht im Alltag zu finden.

Durch gezielte Bewegungen, Atemtechniken und Meditation fördert Qigong das Bewusstsein für unseren Körper. Man nennt es auch die Rückkehr zu sich selbst im Daoismus. Diese Übungen helfen nicht nur dabei, Verspannungen abzubauen, sondern auch, innere Ruhe zu finden.

Indem wir uns auf unseren Körper konzentrieren, können wir auch die Signale unseres Geistes besser wahrnehmen. Dies ist besonders wichtig für Berufstätige, die oft zwischen beruflichen Anforderungen und persönlichen Bedürfnissen jonglieren müssen. Qigong ermöglicht es uns, eine tiefere Verbindung zu uns selbst aufzubauen und somit unsere innere Balance zu stärken.

Viele Menschen ignorieren die Signale ihres Körpers, bis sich Stress, Überlastung oder emotionale Dysbalancen in Form von Krankheiten manifestieren. Unser moderner Lebensstil fördert diese Entfremdung: Dauerstress, digitale Ablenkung und Leistungsdruck lassen uns oft nicht mehr spüren, was unser Körper wirklich braucht.

Warum hören wir nicht mehr auf unseren Körper?

- **Dauerhafte Reizüberflutung:** Ständiger Input (Smartphones, Medien, Lärm) verhindert, dass wir innere Warnsignale wahrnehmen.
- **Leistungsdruck und Erwartungen:** Viele Menschen ignorieren Müdigkeit, Erschöpfung oder Schmerzen, um „funktionieren" zu können.
- **Mangel an Achtsamkeit:** Wir sind oft im Autopilot-Modus und schenken unserem Körper erst Beachtung, wenn es nicht mehr anders geht.

Wie können wir wieder auf unseren Körper hören?

- **Achtsamkeit praktizieren:** Regelmäßige Pausen, Meditation oder bewusstes Atmen helfen, Körperempfindungen wahrzunehmen.
- **Auf Symptome reagieren:** Kopfschmerzen, Verdauungsprobleme oder Schlafstörungen sind oft Warnzeichen – nicht ignorieren!
- **Bewegung und Natur nutzen:** Spazierengehen, Qigong oder Yoga helfen, das Körpergefühl zu verbessern.
- **Besser mit Stress umgehen:** Durch bewusstes Entspannen (Atemtechniken, Meditation, Musik) kann man früher gegensteuern.

Die Kunst ist, nicht erst zu handeln, wenn der Körper streikt, sondern präventiv auf seine Bedürfnisse zu achten.

Die Praktiken des Qigong sind nicht nur körperlicher Natur, sondern auch geistiger. Die meditativen Aspekte der Übungen fördern eine tiefere Achtsamkeit und helfen uns, den Geist zu klären. In Zeiten von Stress und Überforderung können wir durch diese Techniken lernen, Geduld mit uns selbst zu haben und einen klaren Kopf zu bewahren. Die regelmäßige Praxis trägt dazu bei, dass wir uns weniger von äußeren Einflüssen leiten lassen und stattdessen in Harmonie mit uns selbst leben können.

Eine starke Verbindung zwischen Körper und Geist hat auch positive Auswirkungen auf unser Immunsystem. Studien zeigen, dass regelmäßige Qigong-Praxis nicht nur das körperliche Wohlbefinden steigert, sondern auch das Immunsystem stärkt. Indem wir Stress abbauen und unsere Energie harmonisieren, schaffen wir die Voraussetzungen für eine bessere Gesundheit. Dies ist besonders für Berufstätige und Führungskräfte von Bedeutung, die oft durch ihre Arbeit belastet sind und sich mehr Energie und Vitalität wünschen.

In der Mittagspause Qigong zu praktizieren, ist eine hervorragende Möglichkeit, diese Verbindung aktiv zu stärken. Ein kurzes Training während der Arbeitszeit kann Wunder wirken und dazu beitragen, den Tag mit neuer Energie und Klarheit fortzusetzen. Es ist nie zu spät, sich auf diese Reise zu begeben und die harmonische Verbindung von Körper und Geist zu entdecken. Qigong bietet die Chance, nicht nur den Stress des Alltags besser zu bewältigen, sondern auch zu sich selbst zu finden und ein erfülltes Leben zu führen.

Meditative Qigong-Übungen

Meditative Qigong-Übungen sind eine hervorragende Möglichkeit, um in der hektischen Welt des Berufslebens Momente der Ruhe und Achtsamkeit zu finden. Qigong, Taiji Qigong, Taiji Chuan sind meditative Übungen, wo Atmung und Bewegung koordiniert und langsam ausgeführt werden.

Was ist Meditation?

Meditation ist eine mentale Praxis, die darauf abzielt, den Geist zu beruhigen, das Bewusstsein zu schärfen und innere Klarheit zu finden. Sie wird seit Jahrtausenden in verschiedenen Kulturen und spirituellen Traditionen praktiziert, hat aber auch in der modernen Wissenschaft Anerkennung als Methode zur Stressbewältigung und mentalen Gesundheit gefunden.

Wie funktioniert Meditation?

Meditation beinhaltet meist eine bewusste Lenkung der Aufmerksamkeit, z. B. auf den Atem, ein Mantra oder den gegenwärtigen Moment. Das Ziel ist, Gedanken zur Ruhe zu bringen und eine tiefere Verbindung zu sich selbst zu schaffen. Für Fortgeschrittene bedeutet Meditation: alles loslassen. Keine Kontrolle, keine Erwartungen – nur reines Dasein im gegenwärtigen Moment. Es ist ein Zustand des völligen Vertrauens, der inneren Stille und des Einsseins mit dem, was ist.

Wissenschaftliche Vorteile der Meditation

Was regelmäßige Meditation bewirken kann – laut Studien:

✨ Stress reduzieren: Der Cortisol-Spiegel sinkt messbar.

💪 Emotionale Resilienz stärken: Weniger Angst und depressive Symptome.

🧠 Konzentration verbessern: Stärkere neuronale Verbindungen im Gehirn.

❤️ Blutdruck senken: Fördert Entspannung und Herzgesundheit.

😴 Schlafqualität steigern: Tiefer, erholsamer Schlaf.

Verschiedene Meditationsarten

1. **Achtsamkeitsmeditation (Mindfulness)** – Den Moment bewusst wahrnehmen, ohne zu bewerten.

2. **Geführte Meditation** – Mit Anleitungen oder Visualisierungen arbeiten.

3. **Mantra-Meditation** – Wiederholung von Worten oder Klängen (z. B. „Om").

4. **Bewegte Meditation** – Yoga, Tai-Chi oder Gehmeditation.

5. **Kontemplation: nicht gegenständliche Meditation.**

Eigentlich kann alles zu einer Meditation werden, wenn man die richtige Geisteshaltung hat.

Um mit Meditativen Qigong-Übungen zu beginnen, ist es wichtig, einen ruhigen Ort zu finden, an dem Sie ungestört sind. Schaffen Sie sich eine angenehme Atmosphäre. Sie können sich auf einen Stuhl setzen oder auch bequem hinlegen.

Beginnen Sie mit einer kurzen Atemübung, bei der Sie tief ein- und ausatmen. Stellen Sie sich vor, dass Sie beim Einatmen positive Energie aufnehmen und beim Ausatmen Stress und negative Gedanken loslassen. Diese bewusste Atmung bildet die Grundlage für die folgenden Bewegungen und hilft Ihnen, sich auf den gegenwärtigen Moment zu konzentrieren.

Die Qigong Übungen kombinieren Bewegungen mit Atemtechniken und Meditation, um Körper und Geist in Einklang zu bringen. Gerade für den Berufsalltag, wo man oft unter Stress und Zeitdruck leidet, bieten diese Praktiken eine wertvolle Möglichkeit, sich zu zentrieren und den inneren Frieden zu fördern. In nur wenigen Minuten können Sie die wohltuenden Effekte dieser Übungen spüren und sich erfrischt fühlen, bereit für die Herausforderungen des restlichen Tages.

Die ersten meditativen Bewegungen im Qigong sind oft sanfte Dehnungen, die den Körper auflockern. Diese Übungen sollten langsam und achtsam durchgeführt werden.

Sie können mit dem **"Himmel und Erde verbinden"** beginnen. Heben Sie den rechten Arm an und strecken Sie die Handfläche in Richtung Himmel, während die linke Handfläche aktiv nach unten zur Erde drückt. Bauen Sie dabei bewusst eine leichte Spannung in beide Richtungen auf – nach oben und unten. Spüren Sie die Dehnung und Verbindung zwischen Himmel und Erde. Mit der Ausatmung lösen Sie die Spannung und lassen beide Arme sanft sinken. Anschließend wechseln Sie die Seiten. Diese einfache Bewegung kann helfen, Spannungen abzubauen und Qi im Körper auszugleichen.

Ein weiterer wichtiger Aspekt der Meditativen Qigong-Übungen ist **die Visualisierung**. Stellen Sie sich während der Übungen vor, dass Sie in einem angenehmen, beruhigenden Raum sind, umgeben von Licht und Wärme. Diese Technik unterstützt nicht nur die Entspannung, sondern stärkt auch das Immunsystem, indem sie positive Emotionen und Gedanken fördert. Durch die regelmäßige Praxis können Sie Ihre Resilienz gegenüber Stress erhöhen und eine tiefere Verbindung zu sich selbst aufbauen.

Abschließend ist es wichtig, die Meditativen Qigong-Übungen regelmäßig in Ihren Alltag zu integrieren. Sei es im Büro, im Park oder zu Hause – die Möglichkeiten sind vielfältig. Nehmen Sie sich die Zeit, um sich selbst etwas Gutes zu tun. Indem Sie die Verbindung von Körper und Geist stärken, eröffnen Sie sich neue Wege, um ein erfülltes und stressfreies Leben zu führen. Lassen Sie sich von einem qualifizierten Lehrer eine individuelle Übungspraxis erstellen, die Ihre Bedürfnisse berücksichtigt.

Achtsamkeit im Alltag praktizieren

Achtsamkeit im Alltag praktizieren bedeutet, die kleinen Momente des Lebens bewusster wahrzunehmen und zu schätzen. Oftmals sind wir in unserem Berufsalltag gefangen, ohne wirklich präsent zu sein. Wir funktionieren einfach nur. Indem wir Achtsamkeit in

unsere täglichen Routinen integrieren, können wir nicht nur Stress abbauen, sondern auch unsere Lebensqualität erheblich steigern. Achtsamkeit lehrt uns, den gegenwärtigen Moment zu leben und unsere Gedanken und Gefühle ohne Urteil zu beobachten. Dies ist ein wichtiger Schritt auf dem Weg zu einem erfüllten Leben und zu mehr innerer Ruhe.

Eine einfache Möglichkeit, Achtsamkeit in den Alltag zu integrieren, besteht darin, **bewusst auf unsere Atmung, unsere Emotionen und unsere Gedanken zu achten - zum Beobachter werden.** Ob während einer kurzen Pause im Büro oder beim Warten auf den Bus – einige tiefe Atemzüge können helfen, den Geist zu klären und den Körper zu entspannen.

Darüber hinaus kann Achtsamkeit beim Essen eine tiefgreifende Wirkung haben. Oftmals essen wir hastig und nebenbei, ohne wirklich wahrzunehmen, was wir konsumieren. Indem wir uns Zeit nehmen, um jede Mahlzeit bewusst zu genießen, können wir nicht nur unsere Essgewohnheiten verbessern, sondern auch eine tiefere Verbindung zu unserem Körper aufbauen.

Wir essen viel zu viel und vieles, was wir nicht benötigen. Achtsames Essen fördert die Verdauung und hilft, das Sättigungsgefühl besser wahrzunehmen. Es ist eine wunderbare Möglichkeit, den Alltag zu entschleunigen und achtsamer mit uns selbst umzugehen. Als mein Qigong-Meister zum ersten Mal mit uns Schülern in Berlin essen ging, war er erstaunt über unsere Essgewohnheiten. In vielen östlichen Kulturen, insbesondere im Daoismus, Ayurveda oder Zen-Buddhismus, wird Essen als **achtsame Praxis** betrachtet – nicht nur zur Nahrungsaufnahme, sondern als ein Weg zur inneren Harmonie.

Unterschiede zwischen westlicher und östlicher Esskultur

- **Westliche Kultur:**

  - Essen wird oft nebenbei konsumiert (vor dem Fernseher, beim Arbeiten, in Eile).
  - Mahlzeiten sind oft von Diskussionen oder sogar Streit geprägt.
  - Hektisches Essen führt zu Stress und schlechter Verdauung.

- **Östliche Kultur**

  - Essen ist eine meditative Handlung – man isst bewusst und konzentriert sich auf Geschmack, Geruch und Konsistenz.
  - Langsames, achtsames Essen fördert bessere Verdauung und steigert das Wohlbefinden.
  - Negative Emotionen sollen beim Essen vermieden werden, da sie die Energie der Nahrung beeinflussen.

Wie kann man achtsames Essen praktizieren?

1 **Langsam essen:** Jeden Bissen bewusst kauen und schmecken.

2 **In Ruhe essen:** Ohne Ablenkung durch Handy oder Gespräche.

3 **Dankbarkeit für die Nahrung empfinden:** Sich bewusst machen, woher das Essen kommt.

4 **Auf Emotionen achten:** Nicht mit Wut oder Stress essen, sondern erst zur Ruhe kommen.

5 **Sattsein spüren:** Auf den Körper hören und nicht überessen.

In vielen Traditionen wird Essen als eine Möglichkeit gesehen, die **Lebensenergie (Qi, Prana)** aufzunehmen – daher spielt die innere Haltung eine große Rolle. Hast du schon einmal bewusstes, langsames Essen ausprobiert?

Ein weiterer wichtiger Aspekt der Achtsamkeit im Alltag ist die Wahrnehmung unserer Umgebung. Wenn wir uns bewusst Zeit nehmen, um die Schönheit der Natur oder die Architektur unserer Stadt wahrzunehmen, können wir eine tiefere Wertschätzung für die Welt um uns herum entwickeln. Auch kurze Spaziergänge während der Mittagspause können ein wertvolles Mittel sein, um den Kopf freizubekommen und neue Energie zu tanken. Diese kleinen Auszeiten helfen uns, den Stress abzubauen und die Verbindung zu unserer Umgebung zu stärken.

Schließlich kann die Kombination von Achtsamkeit mit Qigong-Übungen eine kraftvolle Methode sein, um sowohl Körper als auch Geist zu revitalisieren. Die langsamen, fließenden Bewegungen des Qigong laden dazu ein, achtsam zu sein und den Körper bewusster zu spüren. Durch regelmäßiges Praktizieren können wir lernen, in unseren Alltag Achtsamkeit zu integrieren und so ein Leben zu führen, das nicht nur stressfreier, sondern auch erfüllter ist. Indem wir Achtsamkeit im Alltag praktizieren, öffnen wir die Tür zu einem harmonischen Leben, in dem wir uns selbst besser verstehen und unseren Platz in der Welt finden können.

Chapter 5: Gesundheitsfördernde Übungen

Stärkung des Immunsystems durch Qigong

Die Stärkung des Immunsystems durch Qigong ist ein faszinierendes Thema, das viele Aspekte der körperlichen und geistigen Gesundheit berührt. In der heutigen, oft stressbeladenen Arbeitswelt ist es wichtig, Wege zu finden, um das eigene Wohlbefinden zu fördern. Qigong bietet eine einzigartige Kombination aus sanften Bewegungen, Atemtechniken und Meditation, die nicht nur den Körper stärkt, sondern auch die Seele nährt. Durch regelmäßiges Üben können Berufstätige ihre Abwehrkräfte auf natürliche Weise unterstützen und somit gesundheitlichen Beschwerden vorbeugen.

Die Übungen des Qigong sind darauf ausgelegt, die Lebensenergie, das sogenannte "Qi", zu aktivieren und zu harmonisieren. Die fernöstliche Lebensphilosophie versteht den Körper als ein zusammenhängendes System, in dem alle Körperteile, Organe und Organsysteme durch Energiebahnen - Meridiane - miteinander verbunden sind. Diese Energiezirkulation fördert die Durchblutung und sorgt für eine bessere Nährstoffversorgung der Zellen. Ein gestärktes Immunsystem ist das Resultat dieses vitalen Energieflusses. Wenn die Energien im Körper im Gleichgewicht sind, kann er besser auf äußere Angriffe reagieren, sei es durch Viren oder Bakterien.

Wissenschaftliche Studien und die traditionelle chinesische Medizin (TCM) zeigen, dass Qigong das Immunsystem auf verschiedene Weise stärken kann.

1. Stressabbau und Cortisol-Senkung

- Chronischer Stress unterdrückt das Immunsystem durch die Ausschüttung von Cortisol.
- Qigong aktiviert den Parasympathikus, das Nervensystem für Entspannung und Regeneration.
- Studien zeigen, dass regelmäßiges Qigong den Cortisolspiegel senkt und somit die Immunabwehr stärkt.

2. Verbesserung der Durchblutung und Lymphfluss

- Die sanften Bewegungen fördern die Durchblutung und den Lymphfluss, wodurch Immunzellen schneller im Körper zirkulieren.
- Ein gut funktionierendes Lymphsystem hilft, Krankheitserreger effizienter zu eliminieren.

3. Aktivierung der Selbstheilungskräfte

- In der TCM wird Qigong genutzt, um das Qi (Lebensenergie) harmonisch im Körper fließen zu lassen.
- Wenn der Energiefluss blockiert ist, entstehen Ungleichgewichte, die Krankheiten begünstigen.
- Qigong hilft, Blockaden zu lösen, die Selbstheilung zu fördern und das Immunsystem zu regulieren.

4. Stärkung der Atemwege und Lungenfunktion

- Tiefe, bewusste Atemübungen im Qigong verbessern die Sauerstoffaufnahme.
- Die Stärkung der Lunge unterstützt die Abwehrkräfte gegen Atemwegserkrankungen.
- Spezielle Atemtechniken wie das „Heilende Atmen" reinigen das System von Toxinen.

5. Förderung der Darmgesundheit

- In der TCM ist der Darm ein zentrales Organ für ein starkes Immunsystem.
- Sanfte Bewegungen und bewusste Atmung können die Verdauung fördern und die Darmflora unterstützen.

6. Regulierung des Nervensystems

- Qigong bringt den Körper aus dem „Kampf- oder Flucht"-Modus zurück in den „Ruhe- und Regenerationsmodus".
- Dies führt zu einer besseren Immunantwort, da der Körper mehr Energie für Heilung und Schutz bereitstellt.

Welche Qigong-Übungen sind besonders immunstärkend?

✅ **Baumstellung:** Aktiviert die Lebensenergie und stärkt die Körpermitte.

✅ **Taiji Qigong:** 18 traditionelle Qigong-Formen zur Förderung der Yin-Yang Energien

✅ **Xuanling Gong: das daoistische Qigong zur Förderung der Organstärkung**

✅ **Atemübungen:** Beruhigen das Nervensystem und verbessern die Lungenkapazität.

Ein ruhiger Geist ist die Grundlage für ein starkes Immunsystem. In stressigen Zeiten ist unser Körper besonders anfällig für Krankheiten. Durch die Aktivierung und Stimulierung der Energiepunkten und das Harmonisieren des Energieflusses im Körper können Sie Ihre Abwehrkräfte stärken.

Darüber hinaus bietet Qigong eine wunderbare Möglichkeit, in kurzen Sessions, wie z.B. in einer Mittagspause neue Energie zu tanken. Anstatt in der Hektik des Arbeitstags zu versinken, können kurze Qigong-Übungseinheiten dazu beitragen, Körper und Geist zu beleben. Diese kleinen Auszeiten helfen nicht nur, die Konzentration zu steigern, sondern auch, die körperliche Abwehr zu stärken. So wird die Mittagspause zu einer wertvollen Zeit, in der man sowohl für die eigene Gesundheit als auch für das persönliche Wachstum sorgt.

Zusammenfassend lässt sich sagen, dass Qigong eine kraftvolle Methode ist, um das Immunsystem zu stärken und das allgemeine Wohlbefinden zu fördern. Es bietet Erwachsenen, die nach einem erfüllten Leben streben, wertvolle Werkzeuge, um Stress zu bewältigen und die eigene Energie zu aktivieren. Indem man in die Praxis des Qigong eintaucht, kann man nicht nur die körperliche Gesundheit unterstützen, sondern auch eine tiefere Verbindung zu sich selbst und der eigenen Lebensenergie herstellen. Lassen Sie sich von Qigong inspirieren und entdecken Sie die positive Wirkung auf Ihre Gesundheit und Ihr Leben.

Beweglichkeit und Flexibilität fördern

Beweglichkeit und Flexibilität sind nicht nur körperliche Eigenschaften, sondern auch wichtige Aspekte unseres geistigen und emotionalen Wohlbefindens. Qigong bietet Ihnen die Möglichkeit, sowohl Ihre körperliche Beweglichkeit zu verbessern als auch Ihre innere Flexibilität zu fördern. Durch gezielte Übungen können Sie Verspannungen abbauen und Ihre Muskulatur geschmeidig halten, was Ihnen hilft, die Herausforderungen des Alltags besser zu meistern.

In westlichen Gesellschaften sind viele Menschen durch ihren Lebensstil körperlich **unbeweglicher und steifer**, was oft mit gesundheitlichen und geistigen Einschränkungen einhergeht.

Warum sind Menschen im Westen steifer?

1. **Sitzende Lebensweise:** Viele verbringen den Großteil des Tages sitzend – im Büro, Auto oder vor dem Bildschirm. Das führt zu Muskelverkürzungen und schlechter Durchblutung.

2. **Fehlende Bewegungskultur:** Während in östlichen Kulturen Yoga, Qigong oder Tai Chi fester Bestandteil des Alltags sind, betreiben viele im Westen kaum sanfte, ganzheitliche Bewegungsformen.

3. **Stress und emotionale Anspannung:** Ein angespannter Geist führt zu einem verspannten Körper. Stress setzt sich oft in Schultern, Nacken und Rücken fest.

4. **Mangel an Körperbewusstsein:** Viele Menschen haben die Verbindung zu ihrem Körper verloren und ignorieren Warnsignale wie Verspannungen oder Schmerzen.

Zusammenhang zwischen Körper und Geist

- In der **traditionellen chinesischen Medizin (TCM)** und im **Yoga** heißt es: *„Ein beweglicher Körper bedeutet einen beweglichen Geist.“*

- Steifheit des Körpers kann sich in einem **festgefahrenen Denken, mangelnder Flexibilität im Leben und Widerstand gegen Veränderungen** widerspiegeln.

- Umgekehrt fördert körperliche Geschmeidigkeit auch geistige Offenheit und emotionale Balance.

Wie kann man Beweglichkeit und geistige Flexibilität fördern?

✅ **Tägliche Bewegung einbauen:** Schon 10–15 Minuten Dehnübungen oder sanfte Mobilisation helfen.

✅ **Qigong, Yoga oder Tai Chi praktizieren:** Diese Bewegungsformen fördern nicht nur körperliche, sondern auch geistige Flexibilität.

✅ **Bewusstes Atmen:** Verspannungen entstehen oft durch flache Atmung – tiefe Bauchatmung kann helfen, den Körper zu entspannen.

✅ **Neue Erfahrungen machen:** Wer geistig flexibel bleiben möchte, sollte regelmäßig neue Dinge ausprobieren, Routinen hinterfragen und offen für Veränderungen sein.

✅ **Stress abbauen:** Meditation und Entspannungstechniken helfen, den Körper weich und geschmeidig zu halten.

Körperliche Steifheit ist oft ein Spiegel innerer Anspannung. Wer sich regelmäßig bewegt, bleibt nicht nur körperlich, sondern auch geistig flexibler.

Die sanften, fließenden Bewegungen des Qigong stärken nicht nur den Körper, sondern auch den Geist. Indem Sie Ihre Aufmerksamkeit auf den Atem und die Bewegungen richten, schaffen Sie eine Verbindung zwischen Körper und Geist. Diese Achtsamkeit ermöglicht es Ihnen, sich von belastenden Gedanken zu befreien und im Hier und Jetzt zu sein. Durch regelmäßiges Üben fördern Sie nicht nur Ihre körperliche Fitness, sondern auch Ihre mentale Klarheit und Flexibilität, was Ihnen hilft, gelassener und fokussierter durch den Tag zu gehen. Die Beweglichkeit, die Sie durch Qigong entwickeln, unterstützt zudem die Durchblutung und fördert die Entgiftung. So tragen Sie aktiv zu Ihrer Gesundheit bei und steigern Ihr allgemeines Wohlbefinden.

Die Integration von Qigong in Ihren Alltag, insbesondere während der Arbeit, kann eine wunderbare Möglichkeit sein, sich eine Auszeit zu gönnen. Nutzen Sie diese Zeit, um sich zu bewegen, zu atmen und sich zu entspannen. Bereits kurze Qigong-Übungen können dazu beitragen, dass Sie sich erfrischt und energetisiert fühlen. Diese Pausen steigern nicht nur Ihre Produktivität, sondern fördern auch Ihre Kreativität und die Fähigkeit Probleme zu lösen.

Die Daoistische Philosophie lehrt uns, offen für Veränderungen zu sein und uns an verschiedene Lebenssituationen anzupassen. Indem Sie Ihre Beweglichkeit fördern, schaffen Sie eine Grundlage, um auch in emotionalen und geistigen Herausforderungen resilient zu bleiben.

Qigong zur Vorbeugung von Krankheiten

Qigong ist eine jahrhundertealte Praxis, die Körper, Geist und Seele miteinander verbindet. In der heutigen schnelllebigen Welt, in der Stress und Hektik oft zum Alltag gehören, kann Qigong eine wertvolle Methode sein, um Krankheiten vorzubeugen und das allgemeine Wohlbefinden zu fördern. Durch sanfte Bewegungen, Atemtechniken und Meditation lernen wir, unseren Körper besser wahrzunehmen und ihm die nötige Ruhe und Entspannung zu geben. Dies ist besonders wichtig für Berufstätige, die oft unter hohem Druck stehen.

In der **Traditionellen Chinesischen Medizin (TCM)** wird Krankheit nicht nur als physisches Problem gesehen, sondern als eine **Störung des Energieflusses (Qi)** im Körper. In der Dao-Kultur wird der Mensch als „Energiewesen" angesehen und die Methode der Selbstkultivierung zielt darauf ab, die Lebensenergie des Menschen zu schützen, krankmachende Energie auszuleiten bzw. zu transformieren und die Energiereservoires im Körper aufzuladen, um gesund und bewusst zu leben und sein volles Potential zu entfalten.

Die fernöstliche Lebensphilosophie versteht den Körper als ein zusammenhängendes System, in dem alle Körperteile, Organe und Organsysteme durch Energiebahnen miteinander verbunden sind.

Diese so genannten Meridiane sind eigenständige Kanäle oder Wege, unabhängig von den Blutbahnen und den Nerven. In ihnen fließt die Lebenskraft Qi, (auch Prana oder Ki genannt), die Energie und Nährstoffe zu den verschiedenen Organen transportiert. Nach der Erfahrung der alten chinesischen Ärzte durchfließt diese Lebensenergie auf zwölf Bahnen unseren Körper – etwa so, wie Flüsse und Seen eine Landschaft durchziehen und sie mit dem lebenswichtigen Wasser versorgen.

Auch wenn die Leitbahnen die Kanäle oder Wege darstellen, auf denen Qi und Blut im Körper befördert werden, sind sie nicht identisch mit den Blutgefäßen, wie sie die westliche Schulmedizin definiert. Vielmehr bilden sie ein unsichtbares Netzwerk, das alle Grundsubstanzen und Organe mit- einander verknüpft. Jeder Meridian ist dabei eng verknüpft mit einem Körperorgan.

Aus der Sicht der Akupunkturlehre stehen die Meridiane und ihr zugeordnetes Organ in enger Wechselbeziehung zueinander, d.h. Organstörungen können auf einen gestauten Energiefluss auf dem zugeordneten Meridian zurückzuführen sein und umgekehrt können energetische Störungen auf dem zugeordneten Meridian das entsprechende Organ beeinträchtigen.

Alles ist holistisch zu betrachten, ist miteinander verbunden und beeinflusst sich gegenseitig.

Laut dem alten Wissen verfügen wir über ein Energiepotential und, wenn dieses Potenzial aufgebraucht ist, leben wir nur noch am energetischen Limit, das heißt, der Körper beginnt seine Funktionen zu verlangsamen und aufzulösen. Jedes Ungleichgewicht und jeder erhöhte Energieverbrauch können dieses Energiepotential frühzeitig verringern und zur Krankheit und zum frühzeitigem Tod führen.

Wie entsteht Krankheit laut TCM?

Nach der TCM ist der Körper von **Meridianen** durchzogen – Energiebahnen, durch die das **Qi (Lebensenergie)** fließt. Wenn dieser Fluss blockiert ist oder aus dem Gleichgewicht gerät, entstehen Beschwerden und Krankheiten.

Hauptursachen für Energieblockaden:

1. **Emotionale Dysbalancen:** Stress, Wut, Angst oder Trauer können den freien Fluss des Qi behindern.

2. **Ungesunde Ernährung:** Künstliche oder kalte Nahrungsmittel können die Verdauung schwächen und Qi-Blockaden verursachen.

3. **Bewegungsmangel:** Ohne regelmäßige Bewegung kann das Qi stagnieren, was zu Verspannungen, Erschöpfung und Schmerzen führt.

4. **Äußere Einflüsse:** Klima, Umweltgifte oder ungünstige Lebensgewohnheiten (z. B. zu viel Bildschirmzeit) können das energetische Gleichgewicht stören.

5. **Energetische Disharmonie der Organe:** Jedes Organ ist mit bestimmten Emotionen und Funktionen verbunden – z. B. speichert die Leber Wut, während die Lunge Trauer verarbeitet.

Die Deutung von Krankheit unterscheidet sich im Westen und in der fernöstlichen Kultur grundlegend. Während die westliche Medizin Krankheiten meist als isolierte körperliche Probleme betrachtet, sieht die fernöstliche Medizin den Menschen als ganzheitliches System, in dem Körper, Geist und Energiefluss eng miteinander verbunden sind.

Westliche Medizin: Symptombehandlung & Diagnostik

Fokus auf den Körper: Krankheit wird als biologisches oder mechanisches Problem betrachtet (z. B. eine Infektion durch Bakterien oder eine Fehlfunktion eines Organs).

Diagnose durch Wissenschaft: Bildgebende Verfahren (z. B. MRT, Röntgen) und Laborwerte stehen im Vordergrund.

Behandlung durch Medikamente & Chirurgie: Symptome werden oft mit Medikamenten oder Operationen bekämpft.

Trennung von Körper & Geist: Die Psyche wird oft als separater Bereich betrachtet (Psychologie/Psychiatrie als eigene Disziplin).

Unterschied liegt in der Grundhaltung

- **Westen:** „Krankheit kommt von außen" (Bakterien, Viren, genetische Defekte, Umweltfaktoren).

- **Fernost:** „Krankheit entsteht von innen" (Energieblockaden, emotionale Dysbalance, ungesunde Lebensweise).

Wir sollten Selbstverantwortung übernehmen!

Die Philosophie des **Qigong** basiert auf **Selbstkultivierung und Selbstverantwortung** – zwei zentrale Prinzipien, die eng mit der traditionellen chinesischen Denkweise verbunden sind.

1. Selbstkultivierung

Qigong bedeutet „Arbeit mit dem Qi", also die bewusste Kultivierung von Lebensenergie durch Bewegung, Atmung und Meditation.

- Der Mensch ist für sein **körperliches, emotionales und geistiges Gleichgewicht** selbst verantwortlich.

- Regelmäßige Praxis hilft, das Qi zu harmonisieren, Blockaden zu lösen und sich persönlich weiterzuentwickeln.

Ein Leben in Harmonie mit sich selbst, der Natur und dem Universum.

2. Selbstverantwortung für die eigene Gesundheit

In der westlichen Welt verlässt man sich oft auf Ärzte und Medikamente, während Qigong lehrt:

👉 **Gesundheit ist eine innere Aufgabe.**

- Wer regelmäßig übt, lernt, die Signale seines Körpers wahrzunehmen und energetische Disharmonien frühzeitig zu erkennen.

– Wut, Angst und Stress können das Qi stören, daher geht es auch um geistige Klarheit und innere Ruhe und emotionale Reinigung

Qigong ist mehr als eine Bewegungsform – es ist ein Lebensweg, der Eigenverantwortung, Achtsamkeit und kontinuierliches Wachstum erfordert. Man heilt sich nicht von außen, sondern kultiviert und reguliert Schritt für Schritt ein starkes, ausgeglichenes Qi.

Ein weiterer Vorteil vom Energietraining ist die Stärkung der **Resilienz**. In einer Welt voller Herausforderungen ist es wichtig, die Fähigkeit zu entwickeln, mit Stress und Rückschlägen umzugehen. Qigong lehrt uns, wie wir durch Atemtechniken und Bewegungsabläufe innere Stärke finden können. Wenn wir in der Lage sind, mit Stress besser umzugehen, verringert sich das Risiko, an stressbedingten Krankheiten zu erkranken.

Darüber hinaus fördert Qigong die **Verbindung zwischen Körper und Geist**. Diese ganzheitliche Sichtweise ist besonders wertvoll für Menschen, die nach dem Sinn des Lebens suchen. Durch die Meditation und die achtsame Ausführung der Übungen können wir tiefere Einsichten in uns selbst gewinnen. Wir lernen, unsere Bedürfnisse wahrzunehmen und Prioritäten zu setzen, die im Einklang mit unserem inneren Selbst stehen. Diese Selbsterkenntnis trägt nicht nur zu einem gesünderen Lebensstil bei, sondern auch zu einem erfüllteren Leben. Gesundheit, holistisch betrachtet, bedeutet, sich auf allen Ebenen in Balance zu bringen.

Die Integration von Qigong in den Arbeitsalltag bietet somit eine hervorragende Möglichkeit, Krankheiten vorzubeugen und das allgemeine Wohlbefinden zu steigern. Ob in der Mittagspause oder als Teil einer täglichen Routine, die Übungen sind einfach zu erlernen und können jederzeit praktiziert werden.. Es ist nie zu spät, mit dieser bereichernden Praxis zu beginnen und die positiven Auswirkungen auf Körper und Geist zu erfahren.

Das Energietraining verbessert nicht nur die Leistungsfähigkeit, sondern auch das Lebensgefühl: **Energie im Überfluss zu haben, macht einfach glücklich!** Statt auf Krankheiten zu reagieren, sollten wir in die Erhaltung unserer Gesundheit investieren und bewusst vorbeugen. Gesundheitsprävention und ein gesunder Lifestyle sollte unsere Priorität sein. Wir gewinnen mit Gesundheitsförderung nicht nur privat, sondern auch beruflich. Den engen Zusammenhang von einem gesunden Lebensstil, Lebensdauer und Lebensqualität ist, glaube ich, jetzt klar geworden.

Chapter 6: Zu sich selbst finden

Selbstreflexion und innere Ruhe

Selbstreflexion ist ein kraftvolles Werkzeug, das uns dabei unterstützt, tiefere Einsichten über uns selbst zu gewinnen. In der hektischen Welt des Berufslebens, in der Zeit oft ein kostbares Gut ist, bleibt die innere Reflexion häufig auf der Strecke. Doch genau hier setzt Qigong an: Es ermöglicht uns, innezuhalten und uns auf das Wesentliche zu konzentrieren. Indem wir uns Zeit für uns selbst nehmen, können wir unsere Gedanken und Gefühle sortieren und herausfinden, was uns wirklich wichtig ist. Diese Praxis der Selbstreflexion fördert nicht nur unser emotionales Wohlbefinden, sondern auch unsere Fähigkeit, mit Stress umzugehen.

Innere Ruhe ist ein Zustand, den viele von uns anstreben, jedoch oft als unerreichbar empfinden. Durch Qigong-Übungen lernen wir, unseren Geist zu beruhigen und den Körper in Einklang mit der Atmung zu bringen. Diese Kombination aus Bewegung und Meditation schafft eine harmonische Verbindung zwischen Körper und Geist. Wenn wir regelmäßig die Übungen praktizieren, können wir lernen, wie wir innere Ruhe in unseren Alltag integrieren können. Wir entdecken, dass diese Ruhe nicht nur in den Momenten der Stille zu finden ist, sondern auch im geschäftigen Treiben des Lebens.

Die Techniken des Qigong bieten uns einfache, aber effektive Methoden zur Selbsterkenntnis und Selbstkultivierung an.

Die Suche nach dem Sinn des Lebens ist eine universelle Frage, die viele von uns beschäftigt. Das Energietraining bietet einen Raum für diese Suche, indem es uns dazu einlädt, uns selbst besser kennenzulernen. **Alles ist Energie und unsere eigene Lebensenergie zu spüren ist essenziell, um uns unserer eigenen Schwingung bewußt zu werden.** Durch die Verbindung von Körper und Geist können wir herausfinden, was uns erfüllt und Freude bereitet. Diese Erkenntnis ist der erste Schritt auf dem Weg zu einem erfüllten Leben. Wenn wir uns die Zeit nehmen, über unsere Werte und Ziele nachzudenken, können wir bewusster Entscheidungen treffen, die mit unserem inneren Selbst im Einklang stehen.

Letztendlich ist die Reise zur Selbstreflexion und inneren Ruhe ein fortlaufender Prozess. Qigong lehrt uns Geduld und Achtsamkeit, Qualitäten, die uns helfen, in einer schnelllebigen Welt ausgeglichener zu sein. Indem wir uns regelmäßig der Selbstreflexion widmen, kultivieren wir ein tieferes Verständnis für uns selbst und unsere Bedürfnisse. So entwickeln wir nicht nur eine stärkere Resilienz gegenüber Stress, sondern auch eine tiefere Verbindung zu unserem eigenen Lebenssinn. In der Balance zwischen Körper und Geist finden wir die Kraft, unseren Alltag besser zu meistern und ein erfülltes Leben zu führen.

Qigong als Weg zur Selbsterkenntnis

Selbsterkenntnis ist die Basis für ein erfülltes Leben.

Schon Sokrates betrachtete Selbsterkenntnis als den ersten Schritt zur Weisheit und zu einem moralisch guten Leben. Seine Philosophie fordert uns auch heute noch auf, über unsere eigenen Annahmen nachzudenken und unser Handeln zu hinterfragen.

Qigong als Weg zur Selbsterkenntnis eröffnet für viele Berufstätige eine wertvolle Möglichkeit, die innere Balance zu finden -eine 'work-life-balance' zu finden. In der hektischen Welt, in der wir leben, kann es oft schwerfallen, den eigenen Bedürfnissen und Wünschen Gehör zu schenken.

Selbsterkenntnis ist nicht nur ein philosophisches Ideal, sondern spielt auch eine zentrale Rolle im Berufsleben. Wer sich selbst gut kennt – seine Stärken, Schwächen, Werte und Emotionen –, kann bewusster handeln, bessere Entscheidungen treffen und erfolgreicher mit anderen interagieren.

1. Effektivere Selbstführung und Entscheidungen

- Wer seine eigenen Stärken und Schwächen kennt, kann gezielt daran arbeiten und seine Fähigkeiten optimal einsetzen.
- Bessere Prioritätensetzung: Durch Selbsterkenntnis weiß man, welche Arbeitsweise einem liegt und wo Optimierung nötig ist.
- Man trifft reflektierte Entscheidungen, anstatt impulsiv oder durch äußere Einflüsse geleitet zu handeln.

2. Verbesserte Kommunikation und Teamarbeit

- Wer sich selbst kennt, kann seine Emotionen besser steuern und bleibt in stressigen Situationen gelassener.
- Man erkennt eigene Kommunikationsmuster und kann sich bewusster auf unterschiedliche Teamdynamiken einstellen.
- Durch Verständnis für eigene Motivationen und Werte kann man authentischer auftreten und überzeugender wirken.

3. Konfliktlösung und Stressbewältigung

- Selbstreflektierte Menschen erkennen eigene Anteile an Konflikten und können konstruktiver darauf reagieren.
- Wer sich selbst versteht, kann auch besser mit Kritik umgehen, ohne sie persönlich zu nehmen.
- Durch bewusste Reflexion erkennt man Stressauslöser frühzeitig und kann Gegenstrategien entwickeln.

4. Karriereentwicklung und persönliche Weiterentwicklung

- Wer sich selbst gut kennt, kann gezielt an seinen Kompetenzen und Soft Skills arbeiten.
- Passende Karrierewege lassen sich besser einschlagen, weil man weiß, was wirklich zu einem passt.
- Man bleibt lern- und anpassungsfähig, weil man offen für Feedback und Weiterentwicklung ist.

5. Authentizität und Zufriedenheit im Job

- Wer sich seiner eigenen Werte und Prioritäten bewusst ist, kann bessere Karriereentscheidungen treffen.
- Man arbeitet effektiver, wenn man Aufgaben übernimmt, die den eigenen Talenten entsprechen.
- Weniger Selbstzweifel und höhere Motivation entstehen, weil man sich realistisch einschätzen kann.

Selbsterkenntnis ist ein entscheidender Erfolgsfaktor im Berufsalltag. Sie hilft, bewusster zu handeln, produktiver zu arbeiten und besser mit anderen zusammenzuarbeiten. Unternehmen profitieren von reflektierten Mitarbeitenden, die sich selbst und ihre Wirkung auf andere verstehen. Qigong bietet nicht nur körperliche Bewegung, sondern auch eine tiefere Verbindung zu sich selbst - man nennt es die Rückkehr zum 'wahren Ich'. Durch die sanften, fließenden Bewegungen und die bewusste Atmung lernen wir, unseren Körper wahrzunehmen und auf die Signale zu hören, die er uns sendet. In den ruhigen Momenten während der Übungen haben wir die Gelegenheit, unsere Gedanken zur Ruhe kommen zu lassen. Diese innere Stille ermöglicht es uns, uns mit unseren wahren Gefühlen und Zielen auseinanderzusetzen. Viele Menschen, die Qigong praktizieren, berichten von einem gestärkten Gefühl durch die Selbstkenntnis und einer klareren Vorstellung davon, was sie im Leben wirklich wollen. Diese Erkenntnisse sind oft der erste Schritt auf dem Weg zu einem erfüllteren Leben.

Zudem kann das Training helfen, emotionale Blockaden zu lösen, die uns daran hindern, unser volles Potential zu entfalten. Die Kombination aus Bewegung, Atmung und Achtsamkeit fördert die Durchblutung und den Energiefluss im Körper. Durch spezielle Übungen können ganz gezielt emotionale und physische Blockaden gelöst werden. Dadurch können wir alte Muster hinterfragen und neue Perspektiven entwickeln. Wenn wir lernen, uns selbst besser zu verstehen, können wir auch unsere Beziehungen zu anderen Menschen verbessern. Die Energiearbeit wird so zu einem Werkzeug, das nicht nur das eigene Wohlbefinden steigert, sondern auch das Miteinander bereichert.

Die meditativen Elemente innerhalb der Übungen ermöglichen es uns, den Geist zu beruhigen. Die Praxis fördert die Selbstreflexion und hilft uns, die Herausforderungen des Alltags mit einem klaren und fokussierten Geist zu meistern. Indem wir regelmäßig meditieren, schaffen wir Raum für neue Einsichten und Perspektiven, die uns auf unserem persönlichen Weg voranbringen.

Letztendlich ist das chinesische Energietraining nicht nur eine Methode zur Stressbewältigung, sondern auch eine Einladung zur Selbstkultivierung. Die regelmäßige Praxis kann uns helfen, unser inneres Gleichgewicht zu finden und ein tieferes Verständnis für uns selbst zu entwickeln. Für die arbeitende Bevölkerung, die besonders oft im Stress gefangen ist, bietet das Training eine wertvolle Gelegenheit, dem hektischen Alltag zu entkommen und sich auf das Wesentliche zu konzentrieren. Indem wir uns auf den Weg der Selbsterfahrung begeben, können wir nicht nur unsere Lebensqualität verbessern, sondern auch zu einem harmonischeren und erfüllteren Leben finden. Wir sind nicht auf dieser Welt, nur um zu funktionieren – wir sind hier, um bewusst zu leben, zu fühlen, zu wachsen und unser inneres Potenzial zu entfalten!

Die eigene Lebensmission entdecken

Die eigene Lebensmission entdecken bedeutet, sich auf eine Reise zu begeben, die tief in unser Inneres führt.

Im Daoismus gibt es unterschiedliche Auffassungen zur Wiedergeburt und zum Lebensplan, aber die Idee, dass wir mit einem vorgeplanten Schicksal oder einer bestimmten Aufgabe bzw. Lernaufgabe inkarnieren, ist zentral für die daoistische Lehre.

Im **Daoismus** geht es stark um die **Rückkehr zum wahren Selbst**, was bedeutet, sich von gesellschaftlichen Konditionierungen, starren Denkmustern und künstlichen Vorstellungen zu lösen, um wieder in Einklang mit dem **Dao (道)** zu kommen – dem natürlichen Fluss des Universums.

Was bedeutet die Rückkehr zum wahren Selbst im Daoismus?

1. Das Dao als Ursprung des Selbst

- Alles im Universum entspringt dem **Dao**, einer formlosen, natürlichen Urkraft.
- Der Mensch ist ursprünglich Teil dieses harmonischen Flusses, verliert sich jedoch oft in künstlichen Strukturen und Ego-Konstruktionen.
- Die daoistische Praxis hilft, sich wieder mit dem Dao zu verbinden, indem man sich von unnötigen Anhaftungen löst.

2. Wu Wei – Handeln durch Nichthandeln

- Wu Wei bedeutet nicht Passivität, sondern ein spontanes, müheloses Handeln im Einklang mit der Natur.
- Wenn man das wahre Selbst erkennt, folgt man dem natürlichen Rhythmus des Lebens, anstatt gegen ihn anzukämpfen.

3. Befreiung von gesellschaftlichen Zwängen und künstlichen Konzepten

- Der Daoismus lehrt, dass viele unserer Sorgen, Konflikte und Probleme aus kulturellen und sozialen Konditionierungen stammen.
- Die Rückkehr zum wahren Selbst bedeutet, diese Zwänge abzulegen und wieder **natürlich**, **authentisch und spontan** zu sein.
- **Laozi** (老子) kritisierte in seinem *Dao De Jing* oft den Einfluss von Regeln, Gesetzen und starren Moralvorstellungen, weil sie den Menschen von seiner Natur entfremden.

4. Innere Kultivierung (Neidan – daoistische Alchemie)

- Viele daoistische Praktiken (Meditation, Qi Gong, Tai Chi) dienen dazu, **die wahre Natur des Selbst zu erkennen.**
- Durch die Harmonisierung von **Qi (Lebensenergie)**, **Shen (Geist)** und **Jing (Essenz)** soll das Ego aufgelöst und das ursprüngliche, reine Bewusstsein freigelegt werden.

5. Rückkehr zur kindlichen Natürlichkeit (Pu)

- Im Daoismus wird oft das Konzept **Pu, "ungehobeltes Holz" oder "Ursprünglichkeit")** verwendet.
- Ein Mensch, der sein wahres Selbst gefunden hat, ist wie ein Kind – unvoreingenommen, verspielt, spontan und in Harmonie mit der Welt.
- Der Daoismus lehrt, dass Weisheit nicht bedeutet, mehr Wissen anzuhäufen, sondern alles Künstliche und Überflüssige abzulegen.

Die Rückkehr zum wahren Selbst im Daoismus bedeutet, sich von gesellschaftlichen Erwartungen, inneren Blockaden und übermäßigem Denken zu lösen, um wieder **natürlich, authentisch und in Harmonie mit dem Dao** zu leben. Es geht darum, den Zustand der Mühelosigkeit, Spontaneität und inneren Ruhe wiederzufinden, der bereits in uns existiert.

Viele Berufstätige empfinden eine Leere oder einen Mangel an Sinn in ihrem Alltag.

Die daoistische Lebensphilosophie bietet eine hervorragende Möglichkeit, diese innere Leere zu füllen und sich mit seinem wahren Selbst zu verbinden. Durch gezielte Übungen und Meditationen lernen wir, auf die Signale unseres Körpers und Geistes zu achten und so unsere individuelle Lebensmission zu erkennen und zu stärken. Ein individuelle Übungspraxis, die von einem qualifizierten Lehrer begleitet wird, ist empfehlenswert, um die eigene Praxis effektiv zu vertiefen.

Während der Übungen, sei es in der Mittagspause oder nach der Arbeit, können wir einen Zustand der Achtsamkeit erreichen, der uns hilft, unsere Gedanken und Gefühle klarer zu erkennen. Dieser Prozess der Selbstreflexion ermöglicht es uns, unsere Werte, Ziele und Wünsche zu hinterfragen. Indem wir regelmäßig Qigong praktizieren, fördern wir nicht nur unsere Gesundheit, sondern öffnen auch die Tür zu einem tieferen Verständnis unserer Lebensziele.

Die Verbindung von Körper und Geist, die durch Qigong hergestellt wird, spielt die entscheidende Rolle beim Entdecken unserer Lebensmission. Durch die Koordination von Bewegungen und Atmung kommen wir zur Ruhe und können uns von den äußeren Ablenkungen lösen. In diesem Zustand der inneren Stille erhalten wir oft intuitiv Antworten auf unsere Fragen, die uns seit langer Zeit beschäftigen. Die Klarheit, die aus dieser Praxis entsteht, kann uns helfen, unser Leben neu auszurichten und die Schritte zu unternehmen, die notwendig sind, um unser Potential zu entfalten.

Die Stressbewältigung hilft uns auf dem Weg zur Entdeckung unserer Lebensmission. Durch die regelmäßige Übungspraxis des Energietrainings lernen wir durch den Abbau von Stress uns auf das Wesentliche zu konzentrieren. Ein stressfreier Geist ist offener für neue Einsichten und kreative Ideen. Wenn wir den Druck des Alltags hinter uns lassen, können wir uns auf die Dinge konzentrieren, die uns wirklich wichtig sind, und die uns in unserem Leben erfüllen. So wird die Entdeckung unserer Lebensmission nicht nur möglich, sondern auch zu einer bereichernden Erfahrung.

Letztlich führt uns die Entdeckung unserer eigenen Lebensmission zu einem glücklicheren und gesünderen Leben. Qigong bietet nicht nur die Werkzeuge, um unseren Körper zu stärken und unser Immunsystem zu unterstützen, sondern auch die Möglichkeit, uns selbst besser kennenzulernen. Indem wir uns regelmäßig Zeit für diese Praxis nehmen, schaffen wir eine Grundlage für ein Leben, das im Einklang mit unseren Werten und Zielen steht.

Chapter 7: Qigong für ein erfülltes Leben
Lebensqualität durch Qigong steigern

Die Lebensqualität ist ein zentrales Element des Wohlbefindens, insbesondere für Berufstätige, die oft mit Stress und Hektik konfrontiert sind. Häufig sind Mehrfachbelastungen durch Job, Haushalt und Familie an der Tagesordnung. Dazu kommt oft noch die Unzufriedenheit mit der Arbeitssituation.

Das Arbeitsleben mit seinen hohen Anforderungen, dem Konkurrenzdruck oder der Angst vor Arbeitslosigkeit fordert seinen Tribut. Stressleiden, wie zum Beispiel Nervosität, Bluthochdruck und Kopfschmerzen nehmen zu; „Kompensationsmethoden" wie übermäßiges Rauchen, Essen oder Trinken sind weit verbreitet. Viele Menschen sind unzufrieden und verspüren den Wunsch nach mehr Zeit, Muße und Lebensqualität. Qigong bietet eine wunderbare Möglichkeit, die innere Balance zu finden und den Körper sowie den Geist zu stärken. Durch das Training können Sie nicht nur ihren Stress abbauen, sondern auch Ihre Lebensenergie, das sogenannte "Qi", aktivieren.

Die meisten von uns sind nur damit beschäftigt, durch die innere Unruhe, unnötige Aktivitäten, das hektische Handeln, die herumspringenden Gedanken, die moderne Art zu leben, ihre Lebensenergie zu verschwenden. Das alles verbraucht viel zu viel Energie; viel mehr als wir tatsächlich zur Verfügung haben. Die Folgen sind vielfältig: chronische Müdigkeit, innere Unruhe, Rückenschmerzen, Depressionen, ein schwaches Immunsystem, Burn-out usw.

Qigong ermöglicht uns, regelmäßig kurze Pausen einzulegen, um uns zu erden und neue Energie zu tanken. Diese kurzen Auszeiten fördern nicht nur Ihre Gesundheit, sondern steigern auch Ihre Produktivität und Kreativität.

Darüber hinaus hat Qigong positive Auswirkungen auf das Immunsystem. Regelmäßige Praxis stärkt die Abwehrkräfte des Körpers und hilft, Krankheiten vorzubeugen. In Kombination mit der Stressbewältigung entsteht ein ganzheitlicher Ansatz für Ihre Gesundheit. Indem Sie Qigong in Ihren Alltag integrieren, schaffen Sie nicht nur Raum für körperliche Fitness, sondern fördern auch Ihre geistige Klarheit und emotionale Stabilität.

Abschließend lässt sich sagen, dass Qigong eine wertvolle Ressource für alle berufstätigen Erwachsenen darstellt, die ein 'sinnerfülltes' und glückliches Leben anstreben. Es bietet nicht nur körperliche Vorteile, sondern auch einen tiefen Zugang zu sich selbst. Die regelmäßige Praxis kann Ihnen helfen, den Sinn des Lebens zu finden und Ihre Lebensqualität nachhaltig zu steigern. Nutzen Sie die Möglichkeiten, die Qigong bietet, und entdecken Sie, wie einfach es ist, mehr Balance und Zufriedenheit in Ihren Alltag zu bringen.

"Work-Life-Balance" - wie geht das?

In der heutigen schnelllebigen Welt ist es für viele Berufstätige eine Herausforderung, die richtige Balance zwischen Arbeit und Freizeit zu finden. Oftmals verschwimmen die Grenzen zwischen Beruf und Privatleben, was zu Stress und Unzufriedenheit führen kann. Zu einer gesundheitsfördernden Lebensgestaltung gehört auch eine „**Work-Life-Balance**". Work-Life-Balance (Leben und Arbeiten in Balance) bedeutet, das Gleichgewicht zwischen Arbeit und Privatleben, Verpflichtungen und Freizeit zu finden und die verschiedenen Lebensbereiche persönlich stimmig in Harmonie zu bringen. Arbeitsüberlastung, Stress und Hektik machen auf Dauer unzufrieden und krank. Auch Industrie und Wirtschaft haben das mittlerweile erkannt, und entdecken ihre Mitarbeiter als ihr wichtigstes „Kapital".

Qigong bietet eine wunderbare Möglichkeit, diese Balance zu fördern, indem es sowohl körperliche als auch geistige Entspannung ermöglicht. Durch die speziellen Übungen können Sie in kurzer Zeit neue Energie tanken und den Kopf freibekommen, um erfrischt und motiviert in den Alltag zurückzukehren. Nicht immer muss das Ziel sein, weniger zu arbeiten oder gleich den Job zu wechseln. Eine Möglichkeit ist auch, anders und zufriedener zu arbeiten. Oft können schon kleine, aber wesentliche Änderungen der Arbeitsbedingungen für mehr Zufriedenheit und Leistungskraft sorgen. Eine Arbeit, die Spaß macht, trägt entscheidend zum inneren Gleichgewicht bei und wird so zur Energiequelle statt zum Energieräuber. Ein Beruf, der nicht zu uns passt oder die falsche Art der Tätigkeit können unnötigen Stress verursachen und uns auf Dauer frustrieren oder krank machen.

Die eigene Stressbelastung kann sowohl von außen als auch von innen gelindert werden. Äußere Stressoren lassen sich verändern, indem zum Beispiel die Arbeit umorganisiert, mehr delegiert wird. Jeder kann sich außerdem die Frage stellen, ob die Tätigkeiten, die körperlich oder mental am anspruchsvollsten sind, auch zu der Tageszeit ausgeführt werden, zu der er am leistungsfähigsten ist. Unterbrechungen bei schwierigen Aufgaben sollten außerdem vermieden werden.

Wenn es Konflikte mit anderen Personen gibt, die belastend wirken, sollte auf deren Lösung hingearbeitet werden. Eine Fortbildung oder ein Coaching für die fachlichen oder persönlichen Kompetenzen können ebenfalls hilfreich sein. Einstellungen zu verändern, kann schon schwieriger sein, als die Arbeit umzuorganisieren – doch es ist ebenfalls möglich. Der Schlüssel zum Umgang mit Stress heißt regenerative Stresskompetenz. Wenn es mal stressig wird, verfallen die meisten Menschen in alte, negative Verhaltensmuster: Alkohol trinken, Fast Food essen, wenig Bewegung. Häufig geschieht das unbewusst. Hinterfragen Sie daher ganz direkt, ob Sie Ihren Körper in derlei Situationen immer gut behandeln, ob es Ihnen möglich ist, sich aktiv zu entspannen. Die Fähigkeit dazu ist lernbar – und Übung verbessert sie stetig.

Anstatt die Pausen mit weiteren beruflichen Gedanken zu verbringen, sollten Sie sich bewusst Zeit für sich selbst nehmen. Diese Auszeiten sind wichtig für Ihr körperliches Wohlbefinden und Ihre mentale Gesundheit. Wenn Sie lernen, in diesen Momenten zur Ruhe zu kommen, wird es Ihnen leichter fallen, die Herausforderungen des Arbeitsalltags zu meistern.

Die Integration des Energietrainings in Ihren Alltag helfen Ihnen, sich selbst besser wahrzunehmen und die eigenen Bedürfnisse zu erkennen. Indem Sie regelmäßig praktizieren, entwickeln Sie ein besseres Gespür dafür, wann es Zeit ist, sich zurückzuziehen und neue Energie zu tanken. Diese Selbstwahrnehmung ist entscheidend, um ein erfülltes und sinnvolles Leben zu führen.

Zudem hilft Qigong stressbedingte Erkrankungen vorzubeugen. Die Kombination von körperlichen Bewegungen, Atemtechniken und Meditation stärkt Körper und Geist. Wenn Sie sich in Ihrer Freizeit aktiv mit Qigong beschäftigen, werden Sie feststellen, dass Sie auch in stressigen Arbeitssituationen gelassener reagieren können. Sie lernen, Ihre Energie gezielt einzusetzen und sich nicht von äußeren Umständen überwältigen zu lassen. Sie können lernen mit Stress besser umzugehen!

Die Suche nach der Balance zwischen Arbeit und Freizeit ist ein fortlaufender Prozess. Aber es ist halt nicht nur der Beruf, der uns Energie rauben oder geben kann und unsere Gesundheit beeinflusst. Wir sollten uns bewusst sein, wer in unserem Umfeld dazu beiträgt, dass wir stressfrei und glücklich durch das Leben gehen können. **Alles ist Energie (Albert Einstein) und wir sollten diese auch weise nutzen, um ein langes glückliches Leben genießen zu können.**

Seit Einstein wissen wir, dass der Grund-"Stoff" eigentlich kein Stoff ist, sondern Energie, die in verschiedenen Frequenzen fließt. Je niedriger die Frequenz ist, desto fester erscheint sie. Wir bestehen und funktionieren durch die Lebensenergie. Energie belebt tatsächlich jede Zelle und jedes Organ im Körper. Unsere Energie benötigen wir, um gesund und positiv durchs Leben gehen zu können. Unser Energieverlust sollte gemindert werden, um stark und fit bis ins hohe Alter zu bleiben.

„Energieräuber" lauern leider überall. Es gibt viele Menschen, die "Energieräuber" sind, Situationen und Verhaltensweisen anderer können uns viel Energie abverlangen, aber auch wir selbst stellen uns manchmal ein Bein. Doch all dem sind wir nicht hilflos ausgeliefert, wir können etwas dagegen tun. Der erste Schritt die Selbsterkenntnis.

Indem Sie Qigong in Ihr Leben integrieren, schaffen Sie sich einen Raum der Ruhe und Reflexion. Nutzen Sie die Kraft dieser Übungen, um Ihre innere Mitte zu finden und eine harmonische Verbindung zwischen Beruf und Privatleben herzustellen. Mit der Zeit werden Sie feststellen, dass Sie nicht nur produktiver sind, sondern auch mehr Freude und Sinn in Ihrem Alltag erfahren.

Langfristige Veränderungen durch regelmäßiges Üben

Regelmäßiges Üben von Qigong hat tiefgreifende Auswirkungen auf Körper und Geist, die sich über die Zeit hinweg verstärken. Durch tägliche oder wöchentliche Praxis (auch, wenn diese nur kurz ist) können Sie nicht nur Ihre körperliche Gesundheit verbessern, sondern auch Ihre geistige Klarheit und emotionale Stabilität. Diese Veränderungen können Ihnen helfen, den Sinn des Lebens besser zu erkennen und im Alltag mit mehr Gelassenheit zu begegnen.

Der Körper reagiert auf regelmäßige Bewegung und Achtsamkeit, indem er sich anpasst und stärker wird. Qigong fördert die Durchblutung, steigert die Flexibilität und stärkt das Immunsystem. Diese physischen Aspekte sind besonders wichtig für Menschen, die viel sitzen oder unter einem hohen Stresslevel leiden. Indem Sie sich täglich Zeit für Qigong nehmen, unterstützen Sie nicht nur Ihre Gesundheit, sondern auch Ihre Leistungsfähigkeit im Beruf. **Die positiven Effekte zeigen sich oft schnell, doch die langfristigen Veränderungen sind es, die Ihr Leben nachhaltig bereichern können.**

Das Energietraining lehrt uns, die Gedanken zur Ruhe zu bringen und im Moment zu leben. Diese Achtsamkeit hat nicht nur Einfluss auf Ihre Stressbewältigung, sondern auch auf Ihre zwischenmenschlichen Beziehungen. Wenn Sie mehr im Einklang mit sich selbst sind, können Sie auch besser auf andere eingehen. Diese Fähigkeit zur Empathie und zur emotionalen Intelligenz ist in der heutigen Welt, und natürlich auch besonders in der Arbeitswelt, von unschätzbarem Wert und kann Ihre Karrierechancen erheblich verbessern.

Schließlich ist es wichtig zu betonen, dass Veränderung Zeit braucht. **Die regelmäßige Praxis von Qigong ist kein kurzfristiges Projekt, sondern eine langfristige Investition in Ihre Gesundheit und Ihr Wohlbefinden.** Mit jedem geübten Atemzug und jeder Bewegung kommen Sie dem Ziel näher, ein stressfreieres und erfüllteres Leben zu führen. Lassen Sie sich von den kleinen Fortschritten inspirieren, die Sie auf Ihrem Weg machen. Jeder Schritt, den Sie in Richtung Achtsamkeit und innerer Ruhe gehen, ist ein Schritt in die richtige Richtung.

Chapter 8: Praktische Übungen und Anleitungen

Schritt-für-Schritt-Anleitungen für Anfänger

Um mit Qigong zu beginnen, ist es wichtig, eine ruhige Umgebung zu finden, in der Sie sich wohlfühlen und ungestört sind. Suchen Sie sich einen Platz, an dem Sie entspannt stehen oder sitzen können. Nehmen Sie sich einen Moment Zeit, um Ihren Atem zu beruhigen. Atmen Sie tief durch die Nase ein und lassen Sie die Luft langsam durch den Mund entweichen. Diese einfache Atemübung hilft Ihnen, sich auf den gegenwärtigen Moment zu konzentrieren und den Alltag hinter sich zu lassen.

Der nächste Schritt besteht darin, eine bequeme Körperhaltung im Stand einzunehmen. Stellen Sie Ihre Füße schulterbreit auseinander, die Knie leicht gebeugt und die Schultern entspannt. Lassen Sie die Arme seitlich am Körper hängen oder bringen Sie sie sanft vor Ihrem Bauch zusammen. Schließen Sie die Augen oder richten Sie Ihren Blick sanft auf einen Punkt vor Ihnen. Diese Position fördert die Stabilität und ein Gefühl der Erdung, was für das Qigong-Training von großer Bedeutung ist.

Beginnen Sie nun mit einfachen Bewegungen. Eine grundlegende Qigong-Übung ist **"Den Atem anregen"**. Atmen Sie ein, während Sie die Hände langsam nach oben heben, und atmen Sie aus, während Sie sie wieder senken. Stellen Sie sich vor, dass Sie beim Heben positive Energie aufnehmen und beim Senken negative Energie loslassen. Wiederholen Sie diese Bewegung einige Male und konzentrieren Sie sich dabei auf den Fluss von Energie in Ihrem Körper. Diese Übung hilft nicht nur, Stress abzubauen, sondern stärkt auch Ihre Verbindung zu Ihrem inneren Selbst.

Die Basisübung **"Den Energieball formen"** ist eine Übung zum Spüren und zur Stärkung der eigenen Energie. Den Handinnenflächen, besonders den Lao Gong Akupunkturpunkten, kommt im Qigong eine besondere Bedeutung zu - sie dienen als Passtore für Energie-Aufnahme und - Abgabe. Laut der Traditionellen Chinesischen Medizin helfen sie beim Sammeln und Verdichten der Energie. Nehmen Sie Ihre Hände vor den Unterbauch. Reiben Sie die Innenflächen der Hände sanft aneinander und schütteln Sie sie anschließend wieder aus. Halten Sie die Handflächen während der gesamten Übung zueinander gerichtet. Stellen Sie sich einen Ball in der Größe eines Basketballs zwischen Ihren Händen vor. Die Hände sollten leicht gewölbt sein – nicht gestreckt und angespannt, aber auch nicht schlaff und weich – sondern in einer entspannten Position. Spüren Sie kurz die Energie zwischen Ihren Handflächen, während Sie diese langsam auseinanderziehen und wieder zueinander führen in einer fließenden Bewegung. Sie können jetzt mit Ihren Händen den Ball ein wenig formen und die Energie zwischen den Handinnenflächen intensivieren. Achten Sie stets auf die Verbindung zwischen Ihren Handflächen. Entspannen Sie Ihren gesamten Körper und führen Sie diese Übung spielerisch aus, wie ein Kind, das mit einem imaginären Ball spielt. Mit dieser Übung fördern Sie den Energiefluss in Ihrem Körper. Es wird wahrscheinlich einige Übungssequenzen dauern, bis Sie Ihre Energie wahrnehmen können.

"Die Baumstellung" (Zhan - Zhuang) ist eine der bekanntesten Übungen im Energietraining. Zhan Zhuang bedeutet wörtlich „Stehen wie ein Pfahl" (auch Baumübung genannt). Es ist eine stehende Übungspraxis, in der man aufrecht stehend das Qi zum Fließen bringt. Die Baum-Metapher ist insofern passend, da die Beine und der Rumpf den Stamm des Baumes darstellen. Kopf und Glieder bilden die Äste. Die Füße sinken in den Boden und stellen die Wurzeln dar. Zhan Zhuang ist eine Form der stehenden Meditation. Hauptvorteil der Übung ist der spürbare Anstieg der körperlichen Energie.

Durch eine Korrektur der Körperhaltung kann das Qi stärker durch die Meridiane fließen und Blockaden (Qi-Stagnationen) lösen. In der TCM (Traditionellen Chinesischen Medizin) sind energetische Blockaden die Hauptursache für die meisten körperlichen und geistigen Beschwerden und Einschränkungen. Das Ziel von Zhan Zhuang ist es, stagnierendes Qi freizugeben und alle energetischen Bahnen des Körpers wieder zu öffnen und den widerstandslosen Fluss zu ermöglichen. Das Zhan Zhuang Gong bildet die Basis jeglicher Übungssysteme im Qi-Training. Die Stellung der Beine ist gebeugt, die Knie geben etwas nach, die Wirbelsäule ist aufrecht, alle Gelenke sind entspannt. Die Zunge liegt am oberen Gaumen, die Arme stehen in einer Position, als hielte man einen großen Ball vor der Brust. Die Ellbogen sind leicht nach unten gebeugt und die Handgelenke und Finger entspannt. Der Atem wird mit dem Ausatmen tief in den Bauch hinabgeschickt, der Bauch sollte entspannt sein, wodurch das Qi in den Unterbauch - zum unteren Dantian - sinken kann. Danach sollte der Atem natürlich fließen und Körper und Geist völlig entspannt in der Haltung bleiben. Gewöhnen Sie sich allmählich an die Haltung und erhöhen Sie die Übungsdauer auf 7 bis 15 Minuten.

Es gibt viele verschiedene Übungen im Qigong, man unterscheidet zwischen **'Bewegungsübungen' (Waidan Gong)** und **'Stilles Qigong' (Neidan Gong)**. Ein erfahrener Lehrer passt die Übungspraxis an die Bedürfnisse seines Schülers an.

Um die Vorteile von Qigong zu maximieren, ist es hilfreich, eine regelmäßige Übungspraxis zu etablieren. Versuchen Sie, täglich mindestens zehn bis fünfzehn Minuten für Ihre Qigong-Übungen einzuplanen. Dies kann in Ihre Mittagspause integriert werden, um neue Energie zu tanken und Klarheit zu gewinnen. Beachten Sie, dass der Schlüssel zur Verbesserung die Regelmäßigkeit ist. Selbst kleine Schritte in Ihrer Praxis können zu bedeutenden Veränderungen in Ihrem Leben führen.

Abschließend sollten Sie sich stets daran erinnern, dass Qigong ein individueller Prozess ist. Jeder Mensch ist einzigartig, und es gibt keinen „richtigen" Weg, Qigong zu praktizieren. Seien Sie geduldig mit sich selbst und erlauben Sie sich, in Ihrem eigenen Tempo zu lernen und zu wachsen. Die Kombination aus Bewegung, Atem und Meditation kann Ihnen helfen, Stress abzubauen, Ihre Lebensqualität zu verbessern und sich selbst besser kennenzulernen. Vertrauen Sie auf den Prozess und genießen Sie die Reise zu einem erfüllteren Leben durch Qigong.

Um die eigene Übungspraxis zu vertiefen, benötigen Sie auf jeden Fall einen qualifizierten Lehrer!

Videos und Online-Ressourcen nutzen

In der heutigen digitalen Welt bieten Videos und Online-Ressourcen eine Möglichkeit, Qigong in Ihren Alltag zu integrieren. Diese Plattformen ermöglichen es Ihnen, jederzeit und überall auf qualitativ hochwertige Anleitungen zuzugreifen. Ob Sie im Büro, zu Hause oder sogar im Park sind, ein paar Minuten, um ein Video anzuschauen und mitzumachen, können eine bedeutende Auswirkung auf Ihr Wohlbefinden haben. Diese Flexibilität ist besonders wichtig für Berufstätige, die oft einen vollen Terminkalender haben und dennoch Wege suchen, um Stress abzubauen und sich mit ihrem inneren Selbst zu verbinden.

Viele Online-Ressourcen bieten eine Vielzahl von Qigong-Stilen und -Techniken, die auf unterschiedliche Bedürfnisse abgestimmt sind. Sie können zwischen sanften Bewegungen zur Entspannung oder dynamischeren Übungen zur Stärkung des Körpers wählen. Diese Vielfalt ermöglicht es Ihnen, Ihre persönliche Praxis zu gestalten und anzupassen, sodass Sie sich wirklich mit den Übungen identifizieren können. Nutzen Sie die Möglichkeit, verschiedene Lehrer und Stile auszuprobieren, um herauszufinden, was für Sie am besten funktioniert.

Die visuelle Anleitung, die Videos bieten, kann besonders hilfreich sein, um die korrekte Ausführung der Bewegungen zu erlernen. Oftmals ist es einfacher, die Techniken durch das Sehen eines erfahrenen Lehrers zu begreifen, als durch schriftliche Anleitungen allein. Achten Sie darauf, sich an Lehrern zu orientieren, die eine klare und beruhigende Präsentation bieten, damit Sie sowohl die Bewegungen als auch die dazugehörige Philosophie des Qigong verstehen. So können Sie sicherstellen, dass Sie die Übungen korrekt ausführen und die größtmöglichen Vorteile daraus ziehen.

Darüber hinaus können Online-Communities und Foren eine wertvolle Ressource sein, um sich mit Gleichgesinnten auszutauschen. Der Austausch mit anderen, die ebenfalls Qigong praktizieren, kann motivierend wirken und Sie dazu ermutigen, regelmäßig zu üben. Hier können Sie Fragen stellen, Erfahrungen teilen und Unterstützung finden. Solche Gemeinschaften stärken das Gefühl der Zugehörigkeit und können Ihnen helfen, Ihre Praxis zu vertiefen und neue Perspektiven zu gewinnen.

Nutzen Sie die Fülle an Videos und Online-Ressourcen, um Ihre Qigong-Praxis zu bereichern. Sehen Sie dies als eine Gelegenheit, nicht nur körperlich, sondern auch geistig und emotional zu wachsen. Integrieren Sie kurze Videos in Ihre Mittagspause, um schnell neue Energien zu tanken und Stress abzubauen. Denken Sie daran, dass jede noch so kleine Übung, die Sie in Ihren Alltag einbauen, einen positiven Einfluss auf Ihr Leben haben kann. Finden Sie die Ressourcen, die zu Ihnen passen, und lassen Sie sich von der Kraft des Qigong inspirieren, um ein erfülltes und stressfreies Leben zu führen.

Gemeinschaft und Austausch im Qigong

Gemeinschaft und Austausch im Qigong spielen eine zentrale Rolle für die persönliche Entwicklung und das Wohlbefinden. In einer Zeit, in der viele von uns im Berufsleben gefangen sind und der Stress oft überhandnimmt, bietet die Praxis des Qigong nicht nur körperliche Übungen, sondern auch eine wertvolle Möglichkeit, mit Gleichgesinnten in Kontakt zu treten. Der Austausch über Erfahrungen und Fortschritte kann nicht nur motivierend sein, sondern auch dazu beitragen, ein tieferes Verständnis für die eigenen Bedürfnisse und Ziele zu entwickeln.

In Gruppen, sei es im Rahmen von Kursen oder informellen Treffen, fördern die Teilnehmer eine Atmosphäre des gegenseitigen Respekts und der Unterstützung. Diese Gemeinschaft ermöglicht es, die Übungen und Techniken des Qigong gemeinsam zu erlernen und zu vertiefen. Der soziale Aspekt ist entscheidend, da er das Gefühl von Zugehörigkeit und Verbundenheit stärkt. In einer Welt, die oft von Isolation geprägt ist, kann der Kontakt zu anderen, die ähnliche Herausforderungen und Interessen haben, eine befreiende Wirkung haben.

Der Austausch über Qigong-Techniken und deren Anwendung im Alltag kann zu neuen Einsichten führen. Wenn Menschen ihre individuellen Erfahrungen teilen, eröffnet dies Perspektiven, die man alleine möglicherweise nicht entdeckt hätte. Diese Gespräche können nicht nur zu einer besseren Stressbewältigung beitragen, sondern auch helfen, den eigenen Weg zu mehr innerer Ruhe und Gelassenheit zu finden. Es ist ermutigend zu sehen, wie die Erfahrungen anderer inspirieren und motivieren können, neue Wege im Umgang mit Stress und Anspannung zu beschreiten.

Ein weiterer wichtiger Aspekt der Gemeinschaft im Qigong ist die gegenseitige Unterstützung bei der Gesundheitsförderung. In Zeiten, in denen das Immunsystem durch Stress und Belastungen geschwächt werden kann, ist es entscheidend, sich gegenseitig zu ermutigen, regelmäßig zu üben und auf den eigenen Körper zu hören. Die Gruppe wird zu einem Rückzugsort, an dem man sich nicht nur körperlich, sondern auch emotional stärken kann. So entsteht ein Kreislauf des Gebens und Nehmens, der die persönliche Entwicklung jedes Einzelnen fördert.

Schließlich ist der Austausch im Qigong auch eine hervorragende Gelegenheit, sich selbst besser kennenzulernen. Durch die Reflexion der eigenen Erfahrungen und das Feedback von anderen, können wir unsere Stärken und Schwächen erkennen und annehmen. Der Weg zu einem erfüllten Leben ist oft durchlässig und nicht immer geradlinig. In der Gemeinschaft von Qigong-Praktizierenden finden wir nicht nur Unterstützung, sondern auch Inspiration, um die Herausforderungen des Lebens mit einem neuen, gestärkten Geist zu meistern.

Chapter 9: Fazit

Der Weg zu einem stressfreieren Leben

Der Weg zu einem stressfreieren Leben beginnt oft mit der bewussten Entscheidung, die eigene Lebensweise zu hinterfragen. In der hektischen Welt von heute, in der berufliche Verpflichtungen und private Anforderungen aufeinanderprallen, kann es leicht geschehen, dass wir uns von Stress überwältigen lassen und einfach nur funktionieren. Qigong bietet eine gute Möglichkeit, diese Herausforderung aktiv anzugehen. Durch gezielte Bewegungsabläufe und Atemtechniken lernen wir, unseren Körper wahrzunehmen und in Einklang mit unserem Geist zu kommen. Dies ist der erste Schritt, um ein stressfreieres Leben zu führen.

Wir, im Westen, sind gewohnt aktiven Sport zu treiben, uns beim Sport zu verausgaben, Muskeln zu trainieren, Wettkämpfe zu machen und wir messen unsere Fitness am äußeren Erscheinungsbild. Beim Sport im westlichen Sinne geht es oft darum, sich auszupowern – man verbraucht Energie, fühlt sich danach müde, aber körperlich befriedigt.

Qigong hingegen wirkt in die entgegengesetzte Richtung: Obwohl auch hier der Körper bewegt wird, geht es um achtsame, fließende Bewegungen, die den Energiefluss im Körper aktivieren und harmonisieren. Nach einer Qigong-Praxis fühlt man sich nicht erschöpft, sondern erfrischt und energetisch aufgeladen.

Es ist also das genaue Gegenteil – statt Energie zu verbrauchen, baut man sie auf. Das Energietraining nutzt die Lebensenergie, um Körper und Geist zu verbinden und den Körper optimal ins Gleichgewicht zu bringen. In einem ausgeglichenen Körper kann sich ein ausgeglichener Geist optimal entfalten. Der bewusste Umgang mit Energien lässt uns ein langes und erfülltes Dasein genießen und im besten Fall unser Potential voll ausschöpfen.

Indem wir regelmäßig Qigong praktizieren, entwickeln wir ein besseres Gespür für unsere eigenen Bedürfnisse. Wir lernen, Stresssymptome frühzeitig zu erkennen und darauf zu reagieren. Achtsamkeit im Alltag bedeutet, sich Zeit für sich selbst zu nehmen, auch wenn es nur einige Minuten sind. Diese kleinen Pausen, in denen wir uns auf unseren Atem konzentrieren oder sanfte Bewegungen ausführen, wirken Wunder für unser Wohlbefinden. Sie helfen uns, den Alltag besser zu meistern und die innere Balance wiederzufinden.

Die Verbindung von Körper und Geist spielt eine entscheidende Rolle und entsteht durch eine regelmäßige Übungspraxis. Qigong fördert diese Verbindung durch die harmonischen Bewegungen, die nicht nur die Muskulatur stärken, sondern auch durch das gezielte Lenken der Energie, das Immunsystem unterstützen. Wenn wir uns bewegen und gleichzeitig unsere Gedanken beruhigen, schaffen wir Raum für positive Energie. Diese Energie hilft uns, Herausforderungen mit einem klaren Kopf zu begegnen und gelassener zu reagieren. In stressigen Situationen können wir so auf innere Ressourcen zurückgreifen, die uns stabilisieren und stärken.

Ein weiterer Vorteil des Qigong ist die Möglichkeit, mehr Gelassenheit zu entwickeln. Meditation und Qigong ergänzen sich hervorragend, denn beide Praktiken lehren uns, im Moment zu leben und unsere Gedanken zur Ruhe zu bringen. Durch regelmäßiges Üben können wir eine tiefere Verbindung zu uns selbst aufbauen und herausfinden, was uns wirklich wichtig ist. Diese Erkenntnis kann uns helfen, Prioritäten zu setzen und unser Leben nach unseren Werten auszurichten, was zu einem erfüllteren Dasein führt.

Schließlich ist es wichtig, die eigene Reise zu einem stressfreieren Leben als einen kontinuierlichen Prozess zu betrachten. Jeder Schritt, den wir in Richtung Achtsamkeit und Selbstfürsorge unternehmen, bringt uns näher zu unserem Ziel. Qigong ist nicht nur eine Technik, sondern eine Lebensweise, die uns ermutigt, Herausforderungen mit Zuversicht anzunehmen und ein harmonisches Gleichgewicht zwischen Körper und Geist zu finden. Lassen Sie sich inspirieren, diesen Weg zu gehen und entdecken Sie die transformative Kraft von Qigong für Ihr Leben.

Der Weg ist das Ziel!

Qigong als lebenslange Praxis

Qigong als lebenslange Praxis eröffnet ein faszinierendes Feld, das weit über die einfache Ausübung von Bewegungsabläufen hinausgeht. Es ist eine Reise zu sich selbst, die sowohl körperliche als auch geistige Aspekte des Lebens umfasst. Für Berufstätige, die oft in einem hektischen Alltag gefangen sind, bietet Qigong eine wertvolle Möglichkeit, die eigene Energie zu regenerieren und die innere Balance wiederzufinden. Das regelmäßige Praktizieren von Qigong kann helfen, Stress abzubauen und den Blick für die wesentlichen Dinge im Leben zu schärfen.

In der heutigen schnelllebigen Welt ist es entscheidend, Techniken zu erlernen, die uns helfen, mit den Herausforderungen des Alltags besser umzugehen. Durch die gezielte Atemübungen und die ruhigen Bewegungen wird der Körpereigene Energiefluss stimuliert und in einen Zustand der Entspannung versetzt. Diese Kombination unterstützt die Selbstheilungskräfte und kann dazu beitragen, Krankheiten vorzubeugen. So wird Qigong zu einem unverzichtbaren Teil eines gesundheitsbewussten Lebensstils.

Die meditativen Elemente, die eine Qigong Praxis ausmachen, ermöglichen uns, in uns selbst hineinzuhören und die eigene innere Stimme wahrzunehmen. Diese Achtsamkeit ist ein Schlüssel, um den eigenen Sinn des Lebens zu entdecken und ein erfüllteres Dasein zu führen. Gerade für Menschen, die nach einem tieferen Sinn suchen, bietet die Energiearbeit einen Zugang zu innerer Ruhe und Klarheit. Es ist eine Einladung, die eigene Lebensweise zu reflektieren und gegebenenfalls zu verändern. Wir sind Schöpfer unserer eigenen Welt!

Die Integration von Qigong in den Alltag, insbesondere in der Mittagspause, kann eine transformative Erfahrung sein. Diese kurze Auszeit ermöglicht es, den Kopf freizubekommen und neue Perspektiven zu gewinnen. Die einfachen Übungen lassen sich leicht einfügen und bringen frische Energie für den restlichen Arbeitstag. Wer regelmäßig Qigong praktiziert, wird bald feststellen, dass sich nicht nur das körperliche Wohlbefinden verbessert, sondern auch die emotionale Stabilität. Stressbewältigung wird so zu einem Bestandteil des täglichen Lebens.

Schließlich ist Qigong nicht nur eine Technik, sondern eine lebenslange Praxis, die uns auf unserem Weg zu einem erfüllten Leben begleitet. Die ständige Wiederholung und Vertiefung der Übungen führt nicht nur zu körperlicher Fitness, sondern auch zu einer tiefen inneren Zufriedenheit. Jeder Schritt auf dieser Reise ist wertvoll und trägt dazu bei, die Lebensqualität nachhaltig zu steigern. Qigong bietet somit eine wunderbare Möglichkeit, das eigene Leben aktiv zu gestalten und die Herausforderungen des Berufslebens mit Gelassenheit und Kraft zu meistern.

Einladung zur persönlichen Entfaltung

In der heutigen Welt, die von Hektik und Stress geprägt ist, ist die Einladung zur persönlichen Entfaltung ein wertvoller Schritt zur Selbstfindung und zum inneren Gleichgewicht. Das Energietraining bietet nicht nur eine Möglichkeit, den Körper zu stärken, sondern auch den Geist zu beruhigen und die Seele zu nähren. Durch gezielte Übungen in der Mittagspause können Berufstätige einen Raum schaffen, in dem sie sich von den Herausforderungen des Alltags erholen und neue Energien tanken können. Diese kurze Auszeit ist eine Einladung, sich selbst besser kennenzulernen und die eigene Lebensqualität zu steigern.

Indem wir uns auf unsere Atmung und Bewegungen konzentrieren, können wir den Alltagsstress hinter uns lassen und in einen Zustand der Achtsamkeit eintreten. Wenn Sie sich auf diese Reise der persönlichen Entfaltung begeben, werden Sie feststellen, dass die Übungen nicht nur körperliche Vorteile mit sich bringen, sondern auch tiefere Einsichten in Ihre eigenen Bedürfnisse und Wünsche ermöglichen.

Die Techniken, die Sie erlernen, sind leicht in den Alltag integrierbar und können jederzeit angewendet werden. Sie brauchen keine speziellen Vorkenntnisse, um mit Qigong zu beginnen. Jeder Schritt, jede Bewegung ist eine Einladung, sich von inneren Blockaden zu befreien und die eigene Energie frei fließen zu lassen. So wird der Weg zur persönlichen Entfaltung nicht nur machbar, sondern auch zu einem Vergnügen, das Sie jeden Tag aufs Neue genießen können.

Das Energietraining ist eine Einladung, Selbstverantwortung zu übernehmen und aktiv für Ihr Wohlbefinden zu sorgen und gleichzeitig eine tiefere Verbindung zu sich selbst aufzubauen. Indem Sie regelmäßig praktizieren, fördern Sie nicht nur Ihre körperliche Gesundheit, sondern auch Ihre geistige und emotionale Stabilität.

Abschließend ist die Einladung zur persönlichen Entfaltung durch Qigong mehr als nur eine Aufforderung zur körperlichen Betätigung. Es ist ein Aufruf, sich selbst zu entdecken, neue Perspektiven zu gewinnen und ein Leben voller Sinn und Erfüllung zu führen. Indem Sie Qigong in Ihren Alltag integrieren, schaffen Sie eine Brücke zwischen Körper und Geist, die Ihnen hilft, Ihre innere Balance zu finden. Lassen Sie sich von dieser Reise inspirieren und nutzen Sie die Kraft der Energie, um Ihre persönliche Entfaltung zu fördern und ein stressfreies Leben zu gestalten.

Wer seine Energien mithilfe des Energietrainings auf ein höheres Niveau anhebt, verbessert nicht nur die eigene Gesundheit und lebt ein harmonischeres Leben, sondern beeinflusst auch sein ganzes Umfeld positiv.

Selbsttest: Powerpause oder Dauerstress?

Beantworte die folgenden 10 Fragen mit Ja oder Nein:

1. Mache ich in meiner Pause regelmäßig bewusst etwas anderes als arbeiten – z. B. spazieren, atmen oder entspannen?

2. Lasse ich mein Smartphone oder Arbeitsgerät in der Pause bewusst zur Seite?

3. Atme ich während meiner Pause ruhig und bewusst durch?

4. Gehe ich raus an die frische Luft oder öffne ein Fenster zum Lüften?

5. Verlasse ich meinen Arbeitsplatz, um mental Abstand zu gewinnen?

6. Esse oder trinke ich in Ruhe und achtsam, ohne nebenbei zu arbeiten?

7. Gönne ich mir mindestens 5 Minuten nur für mich – ohne Input von außen (z. B. Nachrichten, Social Media)?

8. Mache ich einfache Dehn- oder Bewegungsübungen, um Verspannungen zu lösen? 9. Nutze ich meine Pause, um meinen Geist zu beruhigen (z. B. mit Qigong, Meditation oder Stille)?

10. Fühle ich mich nach der Pause erfrischt und bereit für die nächste Arbeitsphase?

✅ Auswertung:

8–10 x Ja: Du nutzt deine Pausen sehr achtsam – weiter so! Dein Körper und Geist danken es dir.

5–7 x Ja: Guter Anfang! Du achtest bereits auf Pausen, könntest aber noch bewusster loslassen.

0–4 x Ja: Deine Pausen sind möglicherweise noch keine echten Erholungszeiten. Vielleicht hilft dir eine kleine Routine mit Bewegung, Atmung oder bewusster Stille.

Kurse, Trainer Ausbildungen und Workshops finden derzeit in Berlin und auf Aruba statt.

Workshops können mit verschiedenen Themenschwerpunkten (Stressbewältigung, Selbstkultivierung, Gesund- heitsprävention) in deutscher und englischer Sprache in Europa gebucht werden.

Alexandra Bauschat

energietraining@gmail.com

Videos und Übungssequenzen finden Sie auf meinem
YouTube-Kanal ' **Yoga & Qigong mit Alexandra Bauschat'**
– ich freue mich auf Ihren Besuch!"

Es lebt sich besser mit mehr Energie!

Qigong ist ein jahrtausendealtes chinesisches Energietraining zur Harmonisierung von Körper, Geist und Lebensenergie. Das Training schenkt Ruhe, stärkt die innere Kraft und hilft, Stress im Alltag gezielt abzubauen.
Ideal für Berufstätige, die neue Energie tanken und ihr Wohlbefinden steigern möchten.